李红萍 ◎ 著

资金约束供应链中
信用保险研究

ZIJIN YUESHU GONGYINGLIAN ZHONG
XINYONG BAOXIAN YANJIU

中国财经出版传媒集团
经济科学出版社
Economic Science Press

图书在版编目（CIP）数据

资金约束供应链中信用保险研究／李红萍著 . -- 北京：经济科学出版社，2022. 12
ISBN 978 - 7 - 5218 - 4402 - 3

Ⅰ. ①资… Ⅱ. ①李… Ⅲ. ①资金 - 约束 - 供应链 - 信用保险 - 研究 Ⅳ. ①F830. 45②F840. 682

中国版本图书馆 CIP 数据核字（2022）第 240208 号

责任编辑：崔新艳 梁含依
责任校对：刘 娅
责任印制：范 艳

资金约束供应链中信用保险研究
李红萍 著
经济科学出版社出版、发行 新华书店经销
社址：北京市海淀区阜成路甲 28 号 邮编：100142
经管中心电话：010 - 88191335 发行部电话：010 - 88191522
网址：www. esp. com. cn
电子邮箱：espcxy@ 126. com
天猫网店：经济科学出版社旗舰店
网址：http：//jjkxcbs. tmall. com
北京季蜂印刷有限公司印装
710 × 1000 16 开 9. 75 印张 160000 字
2023 年 2 月第 1 版 2023 年 2 月第 1 次印刷
ISBN 978 - 7 - 5218 - 4402 - 3 定价：45. 00 元
（图书出现印装问题，本社负责调换。电话：010 - 88191510）

本书受国家自然科学基金青年项目"'区块链+'信贷融资中信用保险的机制设计与应用研究"（批准号：72101003）资助。

前　　言

随着经济的不断发展以及市场竞争的日益激烈，中小企业在发展过程中面临越来越多的困难。目前，中小企业面临的最大难题之一就是资金短缺。由于有些中小企业经营风险较高以及信用评级较差，往往很难从银行等金融机构获得融资。在这种情形下，为了企业自身的生存和发展，众多中小企业往往只能采用贸易信贷这种融资方式。然而，由于市场需求的不确定性，贸易信贷的融资方可能存在一定的违约风险，会给贸易信贷的提供方造成一定的资金损失。为了解决贸易信贷导致的潜在资金损失风险，信用保险作为一种重要的风险管理工具被广泛地应用于商业贸易中。在这样的现实背景下，如何更好地应用信用保险降低贸易信贷融资给企业造成的资金损失风险，不仅是众多中小企业亟待解决的问题，也是供应链金融领域学者们深刻关心的问题。因此，此问题的解决对企业的实践研究和理论研究都有重要价值。

本书以信用保险为研究对象，探究在随机市场需求情形下，制造商应如何通过信用保险避免零售商潜在的违约行为给自身造成的资金损失风险。本书的研究结论可以为企业的实际运营管理决策提供一定的理论指导，同时也有效地丰富了供应链金融中风险管理的研究。本书主要的研究内容和结论如下。

（1）本书研究了信用保险的应用条件和作用以及零售商和制造商两者的投保机制。首先分析了在有信用保险和无信用保险两种情形下，供应链参与者的运作决策；其次通过比较这两种情形，得出信用保险的应用条件和作用以及零售商和制造商两者的投保机制；最后探讨了供应链参与者领导地位的变化对信用保险的应用条件和作用的影响。结果表明，当制造商的风险厌恶程度较高时，制造商倾向于独自购买信用保险。尽管零售商想和制造商一起购买信用保险以获得更高的利润，但这会损害制造商的利益，因此制造商会阻止零售商采用这种策略。信用保险的应用促使资金约束的零售商获得更便宜的融资条件和更高的贸易信贷额度，同时也提高了零售商的订货量和供应链所有参与者的利润。此外，信用保险的应用还提高了供应链效率，实现了供应链部分协调，但不能使供应链实现完全协调。相对于保险商作为双层斯坦伯格博弈（Stackelberg Game）领导者的情形，在制造商作为领导者的情形下，信用保险被应用的可能性更大。

（2）本书研究了制造商购买信用保险时的最优投保额度问题。首先探讨了在无信用保险的情形下零售商的订货量决策和制造商的批发价格决策；其次分析了在有信用保险的情形下零售商的订货量决策、制造商的批发价格决策和投保额度决策以及保险商的保险费率决策；最后分别研究了在考虑保险商决策和不考虑保险商决策的情形下信用保险的应用条件和作用。研究结果表明，当制造商的风险厌恶程度较高或资金约束零售商的初始资本较低时，制造商会选择购买信用保险，此时制造商能获得更高的效用。此外，信用保险的应用也能促使零售商获得更高的订货量和利润。但是，信用保险的应用会导致零售商破产风险的增加，进而导致整体供应链运营风险的增加。相对于不考虑保险商决策的情形，在考虑保险商决策时，信用保险被应用的可能性更小。

（3）本书研究了两个零售商之间的竞争对信用保险的应用条件和作用的影响。首先分析了在有信用保险和无信用保险两种情形下强势零售商、弱势零售商和制造商的运作决策；其次通过比较有信用保险和无信用保险这两种情形，得出了信用保险的应用条件和作用；最后，将两个零售商的情形和一个零售商的情形进行对比，探究了零售商之间的竞争对信用保险的应用条件和作用的影响。研究表明，当制造商的风险厌恶程度较高或弱势零售商的初始资本较低时，制造商会选择购买信用保险，此时制造商能获得更高的产品销量和效用。但是，与只有一个资金约束零售商的情形下零售商总是从制造商购买的信用保险中受益的结论不同，在两个零售商的情形下，信用保险的应用并不总是对资金约束的弱势零售商有利。此外，信用保险的应用也可能损害资金充裕的强势零售商的订货量和利润。

本书的主要贡献有：将信用保险引入资金约束的供应链中，探讨了信用保险的应用对零售商和制造商运作决策的影响；研究了信用保险的应用条件和作用以及零售商和制造商两者的投保机制和投保额度问题；当市场中存在两个相互竞争的零售商时，探究了零售商之间的竞争对信用保险的应用条件和作用的影响，丰富了供应链金融的研究。

目　　录

第 1 章

绪　　论

1.1　研究背景

随着世界经济的飞速发展以及全球化进程的日益加快，企业之间的竞争变得日益激烈，导致中小企业的发展面临越来越多的困难。目前，中小企业面临的难题之一就是资金短缺。资金短缺不仅会影响企业自身的生产运营，还会影响供应链中上下游企业的发展，进而影响整体供应链的稳定性。由于有些中小企业经营风险较高、信用等级较低以及抵押资产不足，往往很难从银行等金融机构获得融资。根据福布斯小企业贷款指数，在 2015 年，只有22.8% 的小企业申请的银行贷款获得批准。西南财经大学发布的《中国中小企业发展报告》显示，在中国近 6000 万家的中小企业中，有 25.8% 的中小企业需要贷款来维持企业的生产经营活动。然而，在这些企业中，只有 46%的企业能够顺利地从银行获得贷款，11.6% 的企业申请贷款会被银行直接拒绝，还有 42.4% 的企业没有申请银行贷款。[①] 在这种情形下，能够有效缓解中小企业资金短缺的贸易信贷融资应运而生。相对于银行贷款的高利率和严格的担保条件，贸易信贷融资显然更具吸引力和优势。

贸易信贷作为一种短期融资方式，允许买方（零售商）在向卖方（制造商）购买产品或服务的过程中延期支付货款（Yang and Birge，2017；Teng

---

[①]　资料来源：http：//www.cinic.org.cn/zgzz/qy/498923.html。

et al., 2006)。从需求方角度来说，贸易信贷是零售商向制造商延期付款，这对零售商而言也是一种短期融资方式，可以提高零售商的订货量和利润（Chen, 2015；Jing et al., 2012）。相对于银行融资而言，贸易信贷融资可以使零售商获得更优惠的融资条件（Kouvelis and Zhao, 2012；Wu et al., 2019）。从供给方制造商角度来说，贸易信贷是一种重要的战略竞争工具，对企业发展有重要作用。贸易信贷可以促使制造商获得更高的产品销量和利润（Jing et al., 2012；Zhou et al., 2012；Wang et al., 2018），同时有利于制造商在企业竞争中获得优势地位。此外，由于贸易信贷可以缓解企业之间的信息不对称，降低企业的道德风险以及有助于企业共同分担市场风险，因此贸易信贷在提高供应链效率方面发挥了重要作用（Kouvelis and Zhao, 2011, 2012；Jing et al., 2012）。

然而，随着经济全球化的不断深入，企业面临的市场环境变得日益复杂。融资方（零售商）可能因为经营不善而破产，导致零售商无法付清制造商的全部货款。在这种情形下，零售商的违约行为会给制造商造成巨大的资金损失（Shi and Zhang, 2010；Kouvelis and Zhao, 2011）。尤其对于小企业的制造商而言，货款的无法回收可能直接导致企业破产。2016 年 10 月，中国广东的一家出口企业（制造商）向一家韩国企业（零售商）出口产品，双方约定以延期付款方式进行结算。2017 年 3 月 3 日，韩国企业由于经营不善，突然宣布破产清算，导致这家广东出口企业无法收回全部货款，面临巨大的资金损失。幸运的是，这家广东出口企业在和韩国企业交易时为了避免货款损失风险，从中国出口信用保险公司购买了信用保险，当收到韩国企业的破产通知时，这家出口企业及时向中国出口信用保险公司申请索赔并获得一定赔偿，在很大程度上减小了企业自身的资金损失。①

信用保险是指保险人对被保险人的信用放款，当债务人无法履行债务合同或不能清偿债务时，保险人对被保险人的经济损失承担赔偿责任。信用保险将债务人的保证责任转移给保险人，保障被保险人应收账款的安全。信用保险在降低企业资金损失风险方面的优势使得其被广泛应用于企业的融资过程中。信用保险的应用可以帮助融资方获得更高的融资额度和更便宜的融资

---

① 资料来源：http://www.sinosure.com.cn/xwzx/xbsa/2018/01/186299.shtml.

条件（Soumaré and Lai，2010），促使融资方获得更高的利润（Li et al.，2016）。此外，信用保险的应用也可以提高融资提供方的利润（Li et al.，2016），并减少由信用风险引起的资金损失（Jones，2010；Li et al.，2016）。由于信用保险给融资双方都带来了积极的作用，因此信用保险被广泛用于商业贸易中。信用保险作为一种促进国际贸易的重要手段，在很早之前就被一些欧洲国家广泛使用，但直到近20年才受到我国企业的关注。我国最早发展信用保险业务的是中国出口信用保险公司（中国信保）。在中国信保成立之初，我国的信用保险产品结构单一，只有中长期出口信用保险、短期出口信用保险以及海外投资保险这三种产品。为了适应我国市场需求的不断变化，中国信保在借鉴国际同行先进经验的同时，结合我国国情不断完善保险服务，创新保险产品。到目前为止，中国信保已经拥有由26种承保模式以及43种保险产品构成的贸易险、项目险等业务，同时还建立了包括资信评估、应收账款管理的一整套信用风险管理服务体系，为我国进出口贸易以及国内贸易等经济活动提供了重要保障。相关数据表明，2018年，中国出口信用保险公司实现承保金额高达6119.9亿美元，同比增长16.7%；实现承保保费达29.1亿美元，同比增长6.4%。其中，中长期出口信用保险、短期出口信用保险、海外投资保险承保金额为5628.5亿美元，同比增长15.9%。中国出口信用保险公司全年服务客户超过10万家，支付赔款19.2亿美元，同比增长40.6%；追偿收入为2.3亿美元，为促进我国中小企业的发展发挥了重要作用，同时也为我国实体经济的发展做出了重大贡献。[①]

1.2 研究内容与框架

本书将信用保险引入资金约束的供应链中，探讨信用保险的应用条件和作用以及零售商和制造商两者的投保机制和投保额度等问题，具体包括以下内容。

---

① 资料来源：https：//www.sinosure.com.cn/xwzx/xbdt/193650.shtml.

　　第 3 章探究了信用保险的应用条件和作用以及零售商和制造商两者的投保机制（即由零售商单独购买，还是制造商单独购买，还是零售商和制造商共同购买信用保险）。首先研究了在无信用保险的情形下零售商和制造商的运作决策，分析了在有信用保险的情形下零售商、制造商和保险商的运作决策。其次，通过比较有信用保险和无信用保险这两种情形，得出信用保险的应用条件和作用以及零售商和制造商两者的投保机制。最后，改变供应链成员的决策顺序，将原来供应链中保险商作为领导者、制造商作为次级领导者、零售商作为跟随者的情形转变为制造商作为领导者、零售商作为次级领导者、保险商作为跟随者，同时研究这种情形下信用保险的应用条件和作用有哪些变化。

　　第 4 章研究了在制造商独自购买信用保险的情形下制造商的最优投保额度。首先考虑了在无信用保险的情形下零售商的订货量决策和制造商的批发价格决策。其次分析了在有信用保险的情形下零售商的订货量决策、制造商的批发价格决策和投保额度决策以及保险商的保险费率决策。再次，通过比较有信用保险和无信用保险这两种情形，得出信用保险的应用条件、作用以及对供应链参与者运营风险的影响，还比较了考虑保险商决策和不考虑保险商决策对信用保险的应用条件和作用会产生何种影响。最后通过算例分析了零售商的初始资本和制造商的风险厌恶程度等对供应链成员决策和绩效的影响。

　　第 5 章研究了在有两个零售商的供应链中信用保险的应用条件和作用以及两个零售商之间的竞争对信用保险的应用条件和作用的影响。首先探讨了在有信用保险和无信用保险两种情形下强势零售商、弱势零售商以及制造商的运作决策。其次，通过比较有信用保险和无信用保险这两种情形，探究在有两个零售商的供应链中，信用保险的应用条件和作用。同时还将两个零售商的情形和一个零售商的情形进行对比，探讨两个零售商之间的竞争对信用保险的应用条件和作用产生的影响。最后通过算例分析了资金约束的弱势零售商的初始资本、制造商的风险厌恶程度以及两个零售商之间的需求转移率等对供应链成员决策和绩效的影响。

　　本书的研究框架如图 1 - 1 所示。

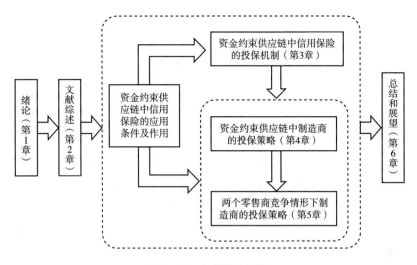

图 1 -1　本书研究框架

第 1 章阐述了本书的研究背景、研究内容、研究意义以及研究贡献。

第 2 章回顾和总结了与本研究相关的文献内容，即信用保险研究、资金约束供应链研究、企业竞争研究三个方面的文献，同时指出本研究和已有文献的区别。

第 3 章分析了信用保险的应用条件和作用以及零售商和制造商两者的投保机制，同时还探究了供应链参与者领导地位的变化对信用保险的应用条件和作用的影响。

第 4 章根据第 3 章的研究结论——信用保险通常由制造商单独购买，假设在制造商独自购买信用保险的情形下，研究了制造商的最优投保额度问题，进一步完善了在有信用保险的供应链中，企业的运作、融资和投保策略等相关研究。

第 5 章在第 4 章的基础上进一步探讨了在有两个零售商的供应链中，信用保险的应用条件和作用以及制造商的最优投保额度问题，同时将两个零售商的情形和一个零售商的情形进行比较，分析了两个零售商之间的竞争对信用保险的应用条件和作用的影响。

第 6 章对本书的研究内容进行系统总结，同时指出本研究存在的不足，并展望了未来的研究方向。

1.3 研究意义

本书将信用保险引入资金约束的供应链中，探讨信用保险的应用条件和作用以及零售商和制造商两者的投保机制和投保额度问题，同时分析信用保险的引入对企业运作决策的影响。本书的研究结果对企业的运营管理有一定的指导意义，同时也有效地丰富了供应链金融的研究。本书的研究意义主要有以下三个方面。

1. 拓展了贸易信贷融资框架下信用保险的研究

现有文献关于贸易信贷融资框架下信用保险的应用条件和作用以及投保额度的研究较少，特别是信用保险的投保机制方面更是鲜有学者研究。然而，贸易信贷越来越受到中小企业的青睐，成为现实商业贸易中一种不可或缺的融资方式。在这种情形下，中小企业如何通过购买信用保险应对贸易信贷融资导致的潜在资金损失风险就显得尤为重要。本书将主要解决上述几个问题，对贸易信贷融资框架下信用保险的研究是一个有力的拓展。

2. 补充了零售商竞争情形下信用保险的研究

传统的信用保险研究往往聚焦于一对一供应链，忽略了企业之间的竞争对信用保险的应用条件和作用的影响。针对这一问题，本书探究了当存在两个相互竞争的零售商时信用保险的应用条件和作用，分析了两个零售商之间的竞争对信用保险的应用条件和作用的影响，有效地丰富了信用保险的研究。

3. 指导企业在信用保险业务方面的决策

本书探讨了在有信用保险的供应链中零售商、制造商以及保险商三者的运作、融资和投保决策，并得到了一系列的管理启示，可以为零售商、制造商以及保险商开展信用保险业务提供决策支持依据，增强决策的有效性。同时本书的研究结论还在一定程度上为零售商和制造商如何参与信用保险业务提供有效借鉴。

1.4　主要贡献

与研究内容相对应，本书的研究贡献主要体现在以下三个方面。

1. 丰富了供应链金融中信用保险的投保机制研究

第 3 章研究表明当制造商的风险厌恶程度较高时，制造商倾向于独自购买信用保险。尽管零售商想和制造商一起购买信用保险以获得更高的利润，但这会损害制造商的利益，因此制造商不会同意零售商采用这种策略。信用保险的应用促使资金约束的零售商获得更便宜的融资条件和更高的贸易信贷额度，同时也会使供应链的参与者获得更高的利润。此外，信用保险的应用还提高了供应链效率，实现了供应链部分协调，但不能使供应链实现完全协调。相对于保险商作为双层斯坦伯格博弈（Stackelberg Game）领导者的情形，在制造商作为领导者的情形下，信用保险被应用的可能性更大。

2. 明确了制造商投保时的最优投保额度

第 4 章研究表明当制造商的风险厌恶程度较高或资金约束零售商的初始资本较低时，制造商会选择购买信用保险，此时制造商能获得更高的效用。信用保险的应用可以使零售商获得更高的订货量和利润，但是信用保险的应用也会导致零售商破产风险增加，进而导致整体供应链运营风险增加。随着制造商风险厌恶程度增加，制造商的批发价格也会增加，进而导致零售商的订货量和投保额度下降，从而导致制造商的效用和零售商的利润下降。零售商订货量的下降会导致零售商破产风险的下降。此外，随着零售商初始资本的降低，零售商的订货量和制造商的投保额度将会增加，进而导致零售商的破产风险增加。相对于不考虑保险商决策的情形，在考虑保险商决策的情形下，信用保险被应用于商业贸易的可能性更小。

3. 探讨了两个零售商的竞争对信用保险的应用条件和作用的影响

第 5 章研究表明在有两个零售商的供应链中，当制造商的风险厌恶程度较高或弱势零售商的初始资本较低时，制造商会选择购买信用保险，此时制造商能获得更高的产品销量和效用。信用保险的应用可能损害资金充裕的强势零售商的订货量和利润，同时也可能损害资金约束的弱势零售商的利益，不同于只有一个资金约束零售商情形下的零售商总是能从制造商购买信用保险中受益。另外，随着两个零售商之间需求转移率的增加，两个零售商的订货量和利润以及制造商的效用都会随之增加。此外，随着需求转移率的增加，制造商购买信用保险的可能性也会加大。

第 2 章

文献综述

与本书相关的研究主要包括以下三个方面的文献：一是有关信用保险的研究；二是有关资金约束供应链的研究；三是有关企业竞争的研究。下面主要从这三个方面对相关文献进行回顾和总结。

2.1　信用保险研究

信用保险作为一种重要的风险管理工具能够有效降低企业的资金损失风险。特别是在上游企业向下游企业提供融资时，上游企业可以采用信用保险来应对下游企业的违约行为给其造成的资金损失风险。近年来，企业的风险管理已经成为当前的热点研究问题，而信用保险作为一种重要的风险管理工具，也引起了学者们的关注。

大部分关于信用保险的研究主要聚焦于信用保险的应用条件及其作用。一些学者在假设保险费率固定的情形下，研究了影响出口企业采用出口信用保险以及出口信用保险如何影响出口企业的决策的因素，发现企业的风险态度会对出口信用保险的应用产生重要影响，同时出口信用保险的应用可以增加企业产品的出口量（Funatsu，1986）。还有一些学者考虑当保险费率随着企业投保额度而变化时，研究了在可变保费和固定保费两种情形下企业产品的出口量有何不同，研究表明保险费用会直接影响企业的投保额度，同时企业的投保额度和产品的出口量相互关联（Ford et al.，1996）。随着企业风险厌恶程度的增加，企业的投保额度也会随之增加（Wong，2000）。通过实证数据分析，有学者发现由于出口信用保险可以有效地降低出口企业货款不能回收的风险，因此出口信用保险的应用可以帮助出口企业出口更多产品到高风险进口国（Rienstra-Munnicha and Turvey，2002）。出口信用保险的应用对企业产品的出口短期影响很大，但长期影响很小（Egger and Url，2006）。

以上研究都是探讨信用保险对出口企业的影响，还有一些学者研究了信用保险在非出口企业中的作用。有学者研究了信用保险如何影响企业的投资决策，发现相对于无信用保险的情形，在有信用保险的情形下企业的投资额度更高。此外，企业的债务期限与投资规模之间存在"U"型关系，即当企业的债务期限较短和较长时，企业进行的投资都较多；当企业的债务期限处于中等水平时，企业的投资规模较小。信用保险的应用也可以促使企业以较低的成本获得更高的融资额度（Soumaré and Lai，2010）。有学者发现信用保险在促进企业平稳运行方面发挥了重要作用（Brian，2013）。有学者通过比较可撤销和不可撤销两种信用保险合同，发现信用保险的两个突出优势：一是平滑供应商现金流的作用，即通过信用保险有效降低下游企业的支付违约行为给企业自身带来的不利影响，促进企业平稳发展；二是监控作用，即通过获取保险公司可能收集的有关买方企业信用不断变化的信息，供应商可以做出更有效的运营决策（Yang et al.，2020）。

以上研究主要从微观层面分析信用保险对企业的影响，还有一部分学者探讨信用保险在宏观层面的影响。具体而言，一些学者发现很多国家将信用保险作为一种战略工具，会对出口信用保险提供一部分补贴，但这些补贴往往集中于特定行业和特定进口国（Dewit，1996）。政府通过提供出口信用保险来促进产品出口并不一定意味着贸易扭曲。当出口国政府对出口信用保险提供补贴时，大多数出口国并没有从信用保险的保费补贴中受益（Abraham and Dewit，2000）。还有学者研究发现，政府通过出口信用保险进行的战略干预可能对国内福利产生负面影响。当出口国政府对进口国有特殊利益时，出口国政府可以通过保费补贴形式进行援助，由援助引发的补贴主要使外国买家受益。此外，当出口信用保险补贴高度集中在极少数出口行业时，这些行业的出口企业也将获得显著收益（Dewit，2001）。

以上关于信用保险的研究主要建立在贸易信贷融资的基础上，还有一部分学者考虑了在银行融资的情形下，信用保险的应用对供应链成员决策和绩效的影响。具体而言，有些学者从保险公司的角度研究了当银行对贷款风险比较敏感时，保险公司应该如何设置合理的保险费率（Dermine and Lajeri，2001）。在银行融资的情形下，信用保险的应用除了可以增加企业产品的销量，还可以提高资金约束的企业从银行获得融资的机会，但并不能使资金约束的企业从银行获得更优惠的融资利率（Zammit et al.，2009）。信用保险的应用可以显著提高供应商的销售业绩，减少与信用风险相关的损失，提高供应商的盈利能力（Jones，2010）。有学者研究了在银行融资情形下，信用保险对制造商的运作和融资决策以及银行决策的影响，并表明信用保险的应用可以帮助制造商提高产品销量并降低制造商的违约风险，提高制造商和银行的绩效，但是信用保险的应用不能促使制造商获得更优惠的融资条件（Li et al.，2016）。还有学者进一步研究了在有信用保险的情形下，银行的风险限额对资金约束企业的运作和融资决策的影响。结果表明，银行通过设置贷款限额将风险控制在风险限额以下，并且资金约束的企业可以通过购买信用保险提高贷款限额。一旦企业决定购买信用保险，企业的最优投保额度将独立于银行的风险限额。当产品的售价较高或银行的风险限额较低时，信用保险的应用对企业利润增长的影响更为明显（Wang and Luo，2015）。

2.2　资金约束供应链研究

对于现在的企业而言，制定合适的运作决策对企业的运营发展起着至关重要的作用。在供应链管理领域，大量学者对企业的运作决策进行了深入的研究。传统的供应链管理研究主要是探讨随机市场需求下，无资金约束供应链中企业的运作决策。但是，随着经济的发展，越来越多的中小企业面临资金短缺问题。资金短缺严重影响和制约了中小企业的发展，同时也对企业的运营管理产生了深刻的影响。不少学者也通过报童模型研究了在随机市场需求情形下，资金约束供应链中企业的运作和融资决策。

大部分有关资金约束供应链的研究都分析了资金约束供应链中供应链参与者的运作和融资决策。具体而言，有学者阐述了在资金约束供应链中考虑运作和融资联合决策的重要性（Buzacott and Zhang，2004；Ding et al.，2007；Dong and Tomlin，2012），有学者分析了管理激励和资金约束会对企业的运作决策产生何种影响（Xu and Birge，2008），有学者研究了在一对一供应链中，企业面临资金约束时的最优生产和融资决策（Chen and Wang，2012）。王丹婷和蔡志鹏（2020）探讨了在由一个制造商和两个供应商构成的供应链中，制造商面临资金约束和供应中断风险时的采购和融资决策。一些学者分析了在需求更新和存在两次订货机会的情形下，资金约束企业的订货策略，并发现企业的最优订货策略取决于目标安全资本（Yan and Wang，2014b）。陈祥锋等（2008）分析了当资金约束的零售商可以向资本市场融资时，资本市场的竞争程度会对供应链的运作和融资决策产生何种影响。有学者探究了当资金约束的企业可以向银行融资时，在不完全信息情形下企业和银行两者的运作决策（Alan and Gaur，2018）。有学者探讨了在完全信息情形下资金约束零售商和银行两者之间的单层斯坦伯格博弈问题，并发现当借贷成本不是特别高时，资金约束零售商的订货量低于整体供应链的订货量，并且提出了一个非线性贷款计划使供应链实现协调（Dada and Hu，2008）。一些学者研究了在由资金约束的零售商、资金约束的制造商和银行构成的双层斯坦伯格博弈中，资金约束的零售商和资金约束的制造商各自的初始资本对零售商订货量决策和制造商批发价格决策的影响（Yan et al.，2014a）。当资金约束的零售商存在破产风险时，资金约束零售商初始资本的增加会导致供应商批发价格的增加；当资金约束的零售商没有破产风险时，供应商的批发价格不会发生变化或降低（Kouvelis and Zhao，2011）。还有学者探究了在制造商向资金约束的零售商提供部分担保并向银行进行融资的情形下，零售商的最优订货策略和制造商的最优批发价格策略（Yan et al.，2016；Bi et al.，2018）。

以上研究主要探讨企业为风险中性情形下的决策，还有一些学者通过均值方差分析法（Choi et al.，2008；Chiu and Choi，2016；Guo and Liu，2019）、效用函数分析法（Li et al.，2016；Yan et al.，2019）以及条件风险值准则法（Yuan et al.，2018）等方法进一步探究了企业的风险偏好如何影响企业的运作决策。通过均值方差（MV）分析法，有学者发现由于风险厌恶程度较低的供应商往往会通过提供更高的退货价格引诱风险厌恶的零售商订购更多的产品，因此在某些情况下，零售商的风险厌恶程度越高，期望利润越大（Choi et al.，2008）。企业的风险厌恶程度越高，企业提前订货的概率越低（Guo and Liu，2019）。刘英和慕银平（2016）研究了在现货交易和期权采购情形下，风险厌恶零售商的最优订货策略以及风险厌恶供应商的最优批发价格策略。通过效用函数分析法，有学者发现相对于风险中性的零售商，风险厌恶零售商的订货量更为保守（Yan et al.，2019）。通过条件风险值准则（CVaR）法，有学者发现随着零售商风险厌恶程度的增加，资金约束零售商的订货量下降，且当零售商风险厌恶程度高于临界值时，零售商的订货量会随着批发价格的增加而增加（Chen and Zhou，2017）。有学者分析了在紧急订货的情形下，企业的风险厌恶程度会对企业的运营决策产生何种影响，并发现当紧急采购价格较低时，风险厌恶零售商的最优订货量小于风险中性零售商的订货量；当紧急采购价格适中或较高时，风险厌恶零售商的最优订货量可能小于、等于或大于风险中性零售商的订货量（Yuan et al.，2018）。于春云等（2007）、代建生和孟卫东（2014）、代建生等（2015）和陈宇科等（2017）进一步通过条件风险值准则法研究了当企业为风险厌恶时，供应链如何实现协调。

还有一部分文献重点研究了贸易信贷融资对资金约束供应链及其成员决策和绩效的影响。贸易信贷融资有效缓解了中小企业的资金短缺，对中小企业的发展有十分重要的作用（Reindorp et al.，2018）。贸易信贷可以减轻供应商的道德风险（Babich and Tang，2012a；Rui and Lai，2015）。通过将贸易信贷融资和实体商业交易相结合，能够控制买方的机会主义行为（Cai et al.，2014；Chod，2017）。贸易信贷的应用可以提高供应链成员企业的利润（Peura et al.，2017），为资金约束的供应链创造价值，并在一定程度上协调供应链（Chen and Wang，2012）。当贸易信贷充分协调供应链时，供应商的利润占供应链全部利润的比例很大（Lee and Rhee，2011）。由于贸易信贷可以促使供应商和零售商共同分担市场需求不确定性的风险，因此贸易信贷的应用提高了供应链的效率（Yang and Birge，2017）。钟远光等（2011）、徐贤浩等（2011）、占济舟等（2014）和王宗润等（2015）重点探究了贸易信贷融资对企业运作和融资决策的影响。不同于有些学者对单一产品的研究（Lee and Rhee，2011；Chen and Wang，2012；Yang and Birge，2017），有学者进一步考虑在多产品情形下，即不同产品具有不同成本、收益和需求时，贸易信贷的影响（Chod，2017）。贸易信贷为供应链及其成员企业创造了价值（Jing et al.，2012），但也使贸易信贷的提供方面临一定的资金损失风险（Shi and Zhang，2010；Kouvelis and Zhao，2011）。考虑到贸易信贷导致的违约风险，有学者研究了三种破产成本对企业运作和融资决策的影响（Kouvelis and Zhao，2011）。王明征等（2017）发现在供应商向多零售商提供贸易信贷的情形下，零售商的违约风险越高且竞争越激烈时，对零售商越不利，但对供应商越有利。

以上探讨贸易信贷对供应链及其成员的决策和绩效的影响都是通过数学模型进行研究的，还有一部分学者通过对数据进行实证分析的方法研究贸易信贷的作用。具体而言，有学者通过实证分析发现贸易信贷的使用与交易货物的性质有关。相对于供应商提供标准化产品和服务的情形，在供应商提供差异化产品和服务的情形下，供应商向客户企业提供的贸易信贷融资额度更高。此外，购买更多服务的企业在较长期限内能获得更便宜的贸易信贷融资；那些信用度更高、拥有一定买方市场的企业能获得更大的提前付款折扣（Giannetti et al.，2011）。有学者通过英国企业的数据研究了在合同可执行性有限情况下贸易信贷的优势，发现供应商可以充当流动性提供者，为可能危及客户关系存续的流动性冲击提供保险（Cunat，2007）。有学者采用实证分析方法，研究了法国货运公司限制其向客户企业延长付款期限这项改革的影响，发现资金实力较强的企业向客户企业延长的长期付款期限增加了有资金约束但生产能力强的企业进入该行业并在该行业生存的成本（Barrot，2016）。武力超等（2019）通过中国企业的数据分析了贸易信贷对企业创新合作的影响，发现贸易信贷的可获得性优化了企业的创新决策，增加了企业在创新活动中的资金投入规模。

还有一部分学者通过引入各种契约研究在有贸易信贷融资的供应链中的风险管理问题。有学者通过引入数量折扣契约、回购契约和收益共享契约，将零售商面临的市场需求不确定性风险部分转移给供应商，研究当供应商向有一定初始资本但存在资金约束的零售商提供贸易信贷融资时，这三种契约能否使供应链实现协调（Lee and Rhee，2010）。有学者探究供应商向无初始资本且存在资金约束的零售商提供一定风险溢价的全额赊销，同时将赊销作为实现供应链协调的工具，研究贸易信贷融资与回购契约两者相结合的契约机制（Lee and Rhee，2011）。鄢仁秀等（2017）发现传统的批发价格契约无法使供应链实现协调，但是在一定条件下回购契约可以实现供应链的协调。除了以上批发价格契约、收益共享契约和回购契约等，期权契约也可以将零售商面临的市场需求不确定性风险部分转移给供应商。一些学者探究引入期权契约对零售商运作决策的影响，发现当初始资本较低时，零售商才会采用固定订单这种方式。此外，随着初始资本的增加，零售商将会降低固定订单的数量，增加期权订单的数量（Feng et al.，2014）。还有一些学者进一步考虑零售商的违约风险，分析零售商初始资本和违约风险对运作和融资决策的影响（Zhang et al.，2017）。

以上文献主要探讨资金约束供应链中仅存在贸易信贷这一种融资方式，还有一部分学者将贸易信贷融资和其他融资方式进行了比较。针对下游企业资金短缺情形，一些学者比较了贸易信贷融资和银行融资这两种融资方式，发现风险中性的供应商应该始终以小于或等于无风险的利率为资金约束的零售商提供资金支持。此外，在最优的贸易信贷合同下，贸易信贷融资优于银行融资，这是因为贸易信贷融资能使零售商和供应商获得更高的利润，同时使供应链效率更高（Kouvelis and Zhao，2012）。还有些学者从其他角度比较了银行信贷和贸易信贷这两种融资方式（Jing et al.，2012；Cai et al.，2014）。不同于资金约束的零售商只能采取贸易信贷融资或银行融资（Kouvelis and Zhao，2012），一些学者发现当零售商的财务状况相对良好时，零售商会采用贸易信贷融资作为唯一的外部融资渠道；当零售商的现金水平较低时，供应商会诱使零售商同时采用贸易信贷和银行融资（Yang and Birge，2017）。一些学者比较资金约束零售商采用银行融资、第三方物流公司融资（3PL 融资）以及供应商融资这三种融资方式下的利润，发现相对于银行融资，第三方物流公司融资能创造更高的利润。此外，在一定条件下，第三方物流公司融资是优于贸易信贷融资的（Chen and Cai，2011）。针对上游企业资金短缺情形，有学者比较了零售商向资金约束的供应商提供贸易信贷融资和直接投资这两种方案。研究发现贸易信贷融资和直接投资都为供应链参与者带来了额外收益，但当供应商初始资本较高且零售商的风险厌恶程度较低时，贸易信贷融资比直接投资更能给供应链各参与者带来收益（Yan et al.，2020）。针对上游企业制造商为资金约束的情形，有学者在双渠道供应链中制造商可以采用贸易信贷、银行融资以及混合融资（即银行融资和股权融资相结合）这三种融资方式的前提下，研究了制造商和供应商两者对这三种融资的偏好（Li et al.，2019）。

2.3　企业竞争研究

随着经济全球化的发展，企业之间的竞争变得日益激烈。研究企业之间的竞争如何影响资金约束供应链及其成员的决策和绩效引起了一些学者们的关注。

一部分学者探究了在资金约束供应链中，下游企业之间的竞争对供应链决策和供应链协调的影响。有学者分析了在由一个生产商和多个零售商构成的供应链中，生产商有最高产量限制且每个零售商面临最大销售能力限制情形下的最优决策问题（Cachon and Lariviere，1999）。在由有产能约束的单一供应商和多个零售商构成的供应链中，优化产能分配可以缓解下游零售商之间的竞争，使供应商实现利润最大化（Chen et al.，2013）。一部分学者探讨了竞争环境下供应链协调问题（Xiao et al.，2007；Bernstein and Federgruen，2005；Yao et al.，2008；Cao et al.，2013）。具体而言，有学者研究了在有多个零售商的供应链中，如何设计协调机制使供应链实现协调（Bernstein and Federgruen，2005）。有学者考虑在由一个供应商和多个零售商构成的两级供应链中，如何通过回购契约实现供应链协调（Cachon，2003）。有学者研究了在由一个制造商和两个零售商构成的供应链中，在需求可能发生中断的情形下，如何通过数量折扣合同使供应链实现协调（Xiao et al.，2007）。有学者研究了在需求和成本同时发生随机扰动的情形下，如何采用收益共享合同使有多个零售商的供应链实现协调（Cao et al.，2013）。

以上研究供应链下游企业之间的竞争并没有考虑企业之间的贸易信贷融

资。针对这种情况，有些学者在上述研究的基础上进一步考虑了贸易信贷对企业竞争的影响。具体而言，针对下游企业零售商为资金约束的情形，有学者研究了在有两个零售商的供应链中，当制造商只向资金约束的弱势零售商提供贸易信贷融资时，弱势零售商和资金充裕的强势零售商的最优订货策略，发现贸易信贷融资有利于弱势零售商，但会损害强势零售商的利益。此外，当两个零售商之间的需求转移率越大时，强势零售商和制造商的利润越高，弱势零售商的利润越低（Wu et al.，2019）。王明征等（2017）研究了在供应商向多个资金约束的零售商提供贸易信贷融资的情形下，零售商之间的竞争和零售商的违约风险如何影响供应链协调。研究发现当零售商的违约风险一定时，供应商的批发价格随零售商之间竞争强度的增加而增加。另外，针对上游企业供应商为资金约束的情形，金伟和骆建文（2016）分析了两个相互竞争的制造商如何通过向上游供应商提供资金补偿策略来缓解供应商的资金短缺问题。研究发现当供应商的资金水平或制造商的资金机会成本小于某个临界值时，两个制造商都会向供应商提供资金补偿。有学者分析了在制造商相互竞争的情形下，制造商对不可靠供应商的补偿策略，发现制造商之间的交叉补偿可以提高供应商的可靠性，但是会加剧制造商之间的竞争（Wadecki et al.，2012）。

　　不同于上述文献主要聚焦于供应链中下游企业之间的竞争，还有一部分学者探讨了供应链中上游企业之间的竞争对贸易信贷的影响。有学者表明供应商之间的竞争可能导致贸易信贷被应用的可能性降低（Petersen and Rajan，1997；Mcmillan and Woodruff，1999）。有学者利用五个非洲企业的数据研究了供应商的垄断力如何影响贸易信贷供给，发现供应商的垄断力与信贷供给呈负相关关系，并且在早期的供应商关系中这种关联性更强（Fisman and Raturi，2004）。有学者调查了供应商市场结构和贸易信贷之间的关系，发现供应商竞争与贸易信贷之间呈倒"U"型关系。在垄断环境下，企业通常采用一次性现金付款方式销售商品；在竞争环境下，企业通常采用贸易信贷这种延期付款方式（Hyndman and Serio，2010）。有学者同样采用实证分析方法探究供应商的议价能力和贸易信贷之间的关系，发现供应商将贸易信贷作为和其他企业竞争的一种手段，会在竞争更加激烈的行业提高贸易信贷额度（Fabbri and Klapper，2016）。

不同于以上采用实证分析的方法探究供应链中上游企业之间的竞争，有学者同时采用实证研究和数学模型分析的方法研究了供应商之间的竞争如何影响他们提供贸易信贷的意愿。研究发现，供应商分散的零售商所获得的贸易信贷额度少于供应商集中的零售商所获得的贸易信贷额度。供应商向资金约束的零售商提供的贸易信贷融资使零售商可以从其他供应商那里用现金购买商品，导致搭便车问题。当搭便车的供应商是其产品市场的竞争者时，搭便车问题尤其不利于提供贸易信贷融资的供应商，导致供应商之间的产品替代性和贸易信贷之间存在负相关关系（Chod et al.，2019）。有学者采用数学模型的方法研究在经典的伯特兰德（Bertrand）竞争框架下供应商之间的竞争如何影响资金约束供应链中的价格决策，发现当企业受到资金约束时，贸易信贷会弱化横向价格竞争。通过贸易信贷融资，资金实力更强的企业也许可以将实力较弱的竞争对手排除在市场之外。随着企业资金水平的下降，贸易信贷相对于现金合同在横向竞争中的优势也随之增加（Peura et al.，2017）。高绪楠（2017）发现在零售商为资金约束的情形下，贸易信贷的应用弱化了两个供应商之间的竞争，提高了两个供应商的利润，实现了供应链的局部协调。有学者分析了在多个供应商相互竞争的情形下，市场中供应商的最佳数量规模（Babich et al.，2012b）。马中华和徐学勤（2019）考虑在由一个零售商和两个供应商构成的供应链中，第三方物流企业（3PL）的最优物流服务收费决策以及零售商和制造商各自的最优定价决策，发现第三方物流企业向相互竞争且面临资金约束的供应商提供融资时，能提高第三方物流企业、零售商以及整体供应链的收益，且当供应商之间的竞争越激烈时，第三方物流企业和零售商越能获得更高的收益。

2.4　文献述评

通过对上述文献的整理和归纳，可以发现信用保险作为一种风险管理工具已经引起了一部分学者的关注；资金约束供应链中运作和融资层面的问题也得到大量学者的研究；供应链中上下游企业之间的竞争也引起了学者们的关注。这表明学术界对资金约束供应链中企业运作问题的研究正在逐渐深入。上述文献为本书的研究奠定了一定的基础，但还存在一些不足，具体如下。

（1）缺乏对信用保险的投保机制问题的研究。现有的有关信用保险方面的文献主要侧重于探究信用保险对企业决策和绩效的影响。然而，鲜有文献分析当采用信用保险时，信用保险应该由零售商单独购买或是由制造商单独购买还是由零售商和制造商共同购买的问题，即信用保险的投保机制问题。此外，很少有学者探讨供应链参与者领导地位的变化对信用保险的应用条件和作用的影响。鉴于此，本书第 3 章考虑零售商和制造商两者之间的投保机制问题，同时探究供应链参与者领导地位的变化对信用保险的应用条件和作用的影响。

（2）缺乏考虑保险商决策的情形下对制造商最优投保额度的研究。现有文献主要探究在有信用保险的供应链中零售商和制造商的决策问题。很少有文献研究在由零售商、制造商和保险商构成的三级供应链中三者的决策问题。鉴于此，第 4 章探究由零售商、制造商和保险商构成的双层斯坦伯格博弈，并在此基础上研究其决策问题。其中，零售商作为跟随者决策订货量；制造商作为次级领导者，决策批发价格和投保额度；保险商作为领导者，决策保险费率。此外，本书还分析了考虑保险商决策和不考虑保险商决策会对供应链成员的决策和绩效产生哪些影响。

（3）缺乏在零售商竞争的情形下，对信用保险的应用条件和作用的研究。很少有文献探究在由多个零售商和单一制造商构成的供应链中信用保险的应用条件和作用。鉴于此，第 5 章分析了在由两个零售商和一个制造商构成的供应链中，信用保险的应用条件和作用。此外，通过和只有一个零售商的情形进行比较，研究两个零售商之间的竞争会对信用保险的应用条件和作用产生何种影响，同时还分析了弱势零售商的初始资本和两个零售商之间的需求转移率等如何影响供应链成员的决策和绩效。

第 3 章

资金约束供应链中信用保险的投保机制

随着经济全球化的不断深入，企业之间的竞争变得日益激烈，导致中小企业的发展面临越来越多的困难。其中，影响中小企业发展的最大难题之一就是资金短缺。由于有些中小企业自身信用评级较低以及银行贷款门槛较高，往往很难从银行获得融资。在这种情形下，为了企业自身的生存和发展，中小企业往往会采用贸易信贷这种融资方式。然而，由于市场需求的不确定性，贸易信贷的融资方可能存在违约行为，会给贸易信贷的提供方造成一定的资金损失。为了解决贸易信贷导致的潜在资金损失风险，信用保险作为一种有效的风险管理工具被广泛地应用于商业贸易中。本章主要分析由一个资金约束的零售商、一个资金充裕的制造商以及一个保险商构成的三级供应链。其中，资金充裕的制造商向资金约束的零售商提供贸易信贷，允许零售商以延期付款的方式采购产品。为了应对零售商的违约行为给企业造成的资金损失风险，制造商和零售商共同向保险商购买信用保险。零售商、制造商和保险商三者相互作用，构成双层斯坦伯格博弈。本书在此基础上研究博弈三方的决策问题即零售商的订货量决策、制造商的批发价格决策以及保险商的保险费率决策，同时还分析了信用保险的应用条件和作用以及零售商和制造商两者的投保机制。

3.1 引　　言

2018 年 1 月世界银行发布的报告表明，近 80% 中国中小企业的银行贷款需求无法得到满足，融资缺口高达 1.9 万亿美元，严重制约了中小企业的发展（李健等，2019）。在这样的背景下，贸易信贷融资被众多中小企业广泛应用于商业贸易中。2007 年，采用贸易信贷达成的商品贸易占全球商品贸易总额的 90%，实现的贸易金额高达 25 万亿美元（Williams，2008）。在现实的商业贸易中，大部分企业为了提高自身的产品销量，都会积极地向客户企业提供贸易信贷融资，允许延期付款。例如，福特汽车公司会向经销商提供贸易信贷融资，帮助经销商购买汽车（Ford，2018）；IBM 通过旗下的全资子公司（IBM Global Financing）向自己的客户提供短期和长期融资，帮助他们购买 IBM 软件（IBM，2016）。

贸易信贷作为一种短期融资方式，允许买方（零售商）在向卖方（制造商）购买货物或服务的过程中延期支付货款。贸易信贷融资不仅可以使融资提供方（制造商）获得更高的产品销量和利润（Jing et al.，2012；Zhou et al.，2012；Wang et al.，2018），而且可以使融资方（零售商）获得更优惠的融资条件和更高的利润（Kouvelis and Zhao，2012；Chen，2015；Wu et al.，2019）。但是，由于市场需求的不确定性，贸易信贷的融资方（零售商）可能会发生违约行为，导致贸易信贷的提供方（制造商）无法收回全部货款，从而面临巨大的资金损失（Kouvelis and Zhao，2011）。

信用保险作为一种有效的风险管理工具，被融资双方广泛地应用于商业贸易中。具体来说，为了减轻债权人的资金损失风险，债权人一般要求债务人购买信用保险，为债务人还款提供保证（Li et al.，2016）。但有时债权人为了减轻债务人的资金负担，会主动购买信用保险以获得更高的产品销量和利润。融资双方对信用保险的购买促进了信用保险在商业贸易中的广泛应用。国际信用保险与担保协会的统计数据表明，2019 年全球信用保险的保费收入高达 69 亿欧元，赔付金额达 28 亿欧元，全球信用保险赔付率为 43%。[①]然而，信用保险的广泛应用也给债务人（零售商）和债权人（制造商）带来了挑战，即信用保险应该由零售商单独购买，还是由制造商单独购买，还是由零售商和制造商共同购买（即零售商和制造商两者的投保机制）。

信用保险的研究在供应链金融领域是一个重要的研究方面。以前关于信

---

① 资料来源：https：//www.icisa.org/industries/#trade-credit-insurance-statistics-tab.

用保险的研究主要聚焦于信用保险的应用条件和作用。例如，一些学者分析了信用保险的应用对企业的产品销量会产生何种影响（Funatsu，1986；Ford et al.，1996；Rienstra-Munnicha and Turvey，2002；Zammit et al.，2009）。此外，还有一些学者研究了信用保险的应用对资金约束企业的融资额度和融资成本会产生何种影响（Zammit et al.，2009；Soumaré and Lai，2010）。然而，这些研究都没有考虑保险商的决策问题，但是保险商作为供应链成员之一，它的决策会对信用保险的应用条件和作用产生重要影响。此外，在以前有关信用保险的研究中，很少有学者探讨信用保险的投保机制问题。因此，在考虑保险商决策的情形下，本章主要研究信用保险的应用条件和作用以及零售商和制造商两者的投保机制问题。

本章主要涉及由单一零售商、单一制造商以及单一保险商构成的三级供应链。零售商、制造商和保险商三者相互作用，构成双层斯坦伯格博弈。保险商作为双层斯坦伯格博弈的领导者，决定保险费率；制造商作为次级领导者，决定批发价格；零售商作为跟随者，决定订货量。本章主要研究供应链中三个参与者的决策问题，同时探讨信用保险的应用条件和作用以及零售商和制造商两者的投保机制问题。此外，本章还分析了双层斯坦伯格博弈中参与者领导地位的变化对信用保险的应用条件和作用的影响。

本章主要贡献如下：（1）分别得到在有信用保险和无信用保险情形下供应链成员的运作决策；（2）阐述了信用保险在资金约束供应链中的应用条件和作用以及零售商和制造商两者的投保机制；（3）讨论了双层斯坦伯格博弈中参与者领导地位的变化对信用保险的应用条件和作用的影响。

3.2　模型描述

本章主要研究由一个资金充裕的制造商、一个资金约束的零售商和一个保险商构成的三级供应链。其中，资金充裕的制造商向资金约束的零售商提供贸易信贷融资。与一些文献的假设类似（Li et al.，2016；Yan et al.，2019），本章假定贸易信贷的提供方（制造商）是风险厌恶的，贸易信贷的融资方（零售商）和保险商是风险中性的。图 3 - 1 描述了供应链中零售商、制造商和保险商三者之间发生事件的先后顺序。

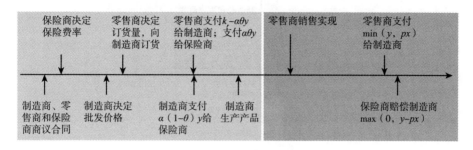

图 3 - 1　决策和事件的顺序

在销售期开始时，资金约束的零售商向制造商订购 q 单位的产品，单位产品的批发价格为 w。本章主要讨论零售商是资金约束的情形，即零售商的初始资本 k_r 小于 wq。资金约束的零售商在销售期开始时只支付部分货款 $wq - y$ 给制造商，剩余货款 y 在销售期结束时支付。为了应对市场需求不确定性导致的零售商潜在的违约风险，制造商和零售商共同向保险商购买信用保险，保险费率为 α（$0 < \alpha < 1$）。制造商和零售商对剩余所有的未付货款进行全额投保，即投保额度为 y。θ 表示零售商承担的保费比例。在这种情况下，零售商承担的保费成本为 $\alpha\theta y$，同时零售商在销售期开始时支付给制造商的货款为 $k_r - \alpha\theta y$。此时，由于 $wq - y = k_r - \alpha\theta y$，可知 $y = (wq - k_r)/(1 - \alpha\theta)$。假设 $k_r > \alpha\theta wq$，即零售商的初始资本必须高于零售商支付的保费成本。

在销售期结束时，如果零售商在销售期内实现的销售收入很高，则将向制造商支付全部的剩余货款 y。如果零售商在销售期内实现的销售收入很低，无法付清制造商的全部剩余货款，零售商只会将销售期内实现的全部销售收入 px 支付给制造商。其中 x 表示随机市场需求，p 表示单位产品的零售价。在这种情形下，保险商会赔偿制造商的全部损失 $\max[0, (wq - k_r)/(1 - \alpha\theta) - px]$。本章假设零售商未售出的产品没有残值。图 3 - 2 描述了保险商、制造商和零售商三者的博弈顺序；表 3 - 1 描述了本章模型中各符号的含义。

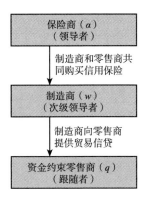

图 3 - 2　保险商、制造商和零售商三者的博弈顺序

表 3 - 1　　　　　　　　　　　　符号含义

符号	符号含义
p	单位产品的零售价
w	单位产品的批发价
c	制造商单位产品的生产成本
α	保险商的保险费率
x	随机市场需求
q	零售商的订货量
k_r	零售商的初始资本
θ	零售商承担的保费成本比例
π_r^n	零售商在无信用保险供应链中的利润
π_r^{ram}	零售商在有信用保险供应链中的利润
π_m^n	制造商在无信用保险供应链中的效用
π_m^{ram}	制造商在有信用保险供应链中的利润
π_i^{ram}	保险商在有信用保险供应链中的利润
Π^n	在无信用保险情形下整体供应链的效用
Π_i^{ram}	在有信用保险情形下整体供应链的利润

假设市场需求 x 是随机变量，且 $x \geq 0$。它的概率密度函数满足 $f(x) > 0$，其累积分布函数 $F(x)$ 是连续的和可微的，且满足 $\overline{F}(x) = 1 - F(x)$。假定失败率 $z(x) = f(x)/\overline{F}(x)$ 和 $Z(x) = xz(x)$ 在 $x \geq 0$ 的范围内是严格递增的。此外，与一些文献的假设一样（Li et al.，2016；Dong and Tomlin，2012），本章也采用完全信息假设。

3.3　基本模型：无信用保险

为了研究信用保险在资金约束供应链中的应用条件和作用，本节首先探讨无信用保险情形下零售商的订货量决策和制造商的批发价格决策。本章相关的命题、推论、定理的证明见附录 A。

3.3.1　零售商的订货量决策

与一些学者的研究类似（Cachon and Lariviere，2005；Dada and Hu，2008；Zhou and Wang，2009），本章采用报童模型研究随机市场需求情形下资金约束零售商的最优订货量问题。在没有信用保险的情形下，当零售商面临的市场需求较高时，零售商在销售期内实现的销售收入 px 可以完全付清制造商的全部剩余货款 $wq - k_r$。当零售商面临的市场需求较低时，零售商在销售期内实现的销售收入无法付清制造商的全部剩余货款，此时零售商面临破产。在这种情形下，零售商只会将销售期内实现的全部销售收入 px 支付给制造商。综合考虑零售商的收入和成本，可得零售商的期望利润，如式（3-1）所示。

$$\pi_r^n(q) = E\left[p\min(x,q) - (wq - k_r) \right]^+ - k_r \qquad (3-1)$$

经过简单的推导计算，零售商的期望利润可以表示为式（3-2）。

$$\pi_r^n(q) = pq - wq - \int_{\hat{x}}^{q} pF(x)\,\mathrm{d}x \qquad (3-2)$$

在式（3-2）中，无信用保险情形下零售商的破产临界点为 $\hat{x} = (wq - k_r)/p$，表明当零售商面临的市场需求小于破产临界点 $\hat{x}$ 时，资金约束的零售商无法付清制造商的全部剩余货款，此时零售商面临破产。

命题 3-1　在无信用保险的供应链中，给定制造商的批发价格 w，当 $w < \overline{F}(k_r/w)$ 时，零售商的最优订货量 q^n 满足 $p\overline{F}(q^n) = w\overline{F}(\hat{x})$。

由命题 3 – 1 可知，零售商的运作决策（订货量，q）和融资决策（贸易信贷额度，$wq - k_r$）相互影响，与莫迪利亚尼 – 米勒（Modigliani-Miller）理论中企业的投资决策和融资决策彼此相互独立的结论有所不同（Modigliani and Miller，1958）。命题 3 – 1 的结论也从侧面表明在资金约束供应链中考虑企业运作和融资联合决策的重要性。

此外，如一些学者所述（Hadley and Whitin，1963），在无资金约束的供应链中，零售商的最优订货量 q 满足 $p\overline{F}(q) = w$，表示零售商额外订购一单位产品的边际收益 $p\overline{F}(q)$ 等于其边际成本 w。在无信用保险但有资金约束的供应链中，虽然零售商的边际收益仍然为 $p\overline{F}(q^n)$，但其边际成本为 $w\overline{F}(\hat{x})$，此时零售商的边际成本小于无资金约束供应链中零售商的边际成本 w。这主要是在有资金约束的供应链中，资金约束的零售商采用贸易信贷融资导致的。当资金约束的零售商在销售期内实现的销售收入不足以付清制造商的全部剩余货款时，零售商只会将销售期内实现的销售收入 px 支付给制造商。在这种情况下，零售商的付款责任是有限的。因此，零售商的边际成本会下降为 $w\overline{F}(\hat{x})$。

3.3.2 制造商的批发价格决策

本节探究风险厌恶制造商的批发价格决策。设 Y_0 表示制造商的利润水平参考点。与一些学者的研究类似（Li et al.，2016；Yan et al.，2019），在不损失一般性的情况下，假设制造商的利润水平参考点满足 $Y_0 = 0$。本节采用简单的分段线性函数构建风险厌恶制造商的效用函数，如式（3 – 3）所示。

$$\pi_m^n = \begin{cases} Y_m - Y_0 & Y_m \geqslant 0 \\ \lambda(Y_m - Y_0) & Y_m < 0 \end{cases} \tag{3-3}$$

其中，Y_m 表示制造商的期末利润；λ 表示制造商的风险厌恶系数。当 $\lambda = 1$ 时，表示制造商为风险中性；当 $\lambda > 1$ 时，表示制造商为风险厌恶。随着 λ 的增加，制造商的风险厌恶程度也相应增加（Yan et al.，2019）。

在没有信用保险的情形下，在销售期开始时，制造商收到零售商的部分货款 k_r。在销售期结束时，制造商收到零售商的货款为 $\min(px, wq - k_r)$。当零售商面临的市场需求特别低时，其支付给制造商的货款 px 很小，可能导致制造商的利润为负值。因此，风险厌恶制造商的效用函数可以表示为式（3 - 4）。

$$\pi_m^n(w) = \begin{cases} \lambda(px + k_r - cq) & 0 < x < \vec{x} \\ px + k_r - cq & \vec{x} \leqslant x < \hat{x} \\ wq - cq & \hat{x} \leqslant x \end{cases} \qquad (3-4)$$

经过简单的推导计算，风险厌恶制造商的期望效用函数可以写为式（3 - 5）。

$$\pi_m^n(w) = wq - cq - \int_0^{\hat{x}} pF(x)\,\mathrm{d}x - (\lambda - 1)\int_0^{\vec{x}} pF(x)\,\mathrm{d}x \qquad (3-5)$$

其中，$\vec{x} = (cq - k_r)/p$。它表示当零售商的市场需求小于 $\vec{x}$ 时，风险厌恶制造商的利润为负值。

命题 3 - 2　在无信用保险的供应链中，制造商的最优批发价格 w^n 满足 $\overline{F}(\hat{x})[p\overline{F}(q^n) - pqf(q^n)]/[\overline{F}(\hat{x}) - w^n q^n f(\hat{x})/p] = c + (\lambda - 1)cF(\vec{x})$。

根据边际成本分析，在无信用保险的资金约束供应链中，制造商的边际收益为 $\overline{F}(\hat{x})[p\overline{F}(q^n) - pq^n f(q^n)]/[\overline{F}(\hat{x}) - w^n q^n f(\hat{x})/p] = w_r^n \overline{F}(\hat{x})[1 - q^n z(q^n)]/[1 - w^n q^n z(\hat{x})/p]$。根据命题 3 - 1 可知，零售商的边际成本为 $w^n \overline{F}(\hat{x})$。由于 $w^n q^n z(\hat{x})/p < q^n z(q^n)$，所以零售商的边际成本和制造商的边际收益之间存在边际损失。

此外，在没有信用保险的情形下，制造商的边际成本为 $c + (\lambda - 1)cF(\vec{x})$，表明制造商的风险厌恶程度会对制造商的边际成本产生不利影响。具体而言，制造商的风险厌恶程度越大，其边际成本越高，收益越低。

3.3.3　整体供应链的订货量决策

前面主要探讨了利润最大化情形下风险中性零售商的决策，讨论了效用最大化情形下风险厌恶制造商的决策。由于风险中性情形下的利润是效用函数在 $\lambda = 1$ 情形下的一个特例，因此可将零售商的利润和制造商的效用加总，得出整体供应链的效用，如式（3 - 6）所示。

$$\Pi^n(q) = pq - cq - \int_0^q pF(x)\mathrm{d}x - (\lambda - 1)\int_0^{\bar{x}} pF(x)\mathrm{d}x \qquad (3-6)$$

命题 3 - 3 在无信用保险的情形下，整体供应链的订货量 q_n^c 满足 $p\overline{F}(q_n^c) = c + (\lambda - 1)cF(\vec{x})$。

在无信用保险的情形下，风险厌恶系数仍然会在整体供应链中产生不利影响。具体而言，当风险厌恶程度越高时，整体供应链的边际成本越高，同时整体供应链的订货量水平越低。此外，由于 $w^n\overline{F}(\hat{x}) > c + (\lambda - 1)cF(\vec{x})$，所以整体供应链的订货量水平高于零售商的订货量水平，即 $q_n^c > q^n$。

3.4 考虑信用保险下供应链决策分析

3.3 节已经分析了在没有信用保险情形下供应链中零售商和制造商的运作决策。本节主要讨论在有信用保险情形下供应链中零售商、制造商和保险商的决策问题。

3.4.1 零售商的订货量决策

在有信用保险的供应链中，零售商和制造商共同购买信用保险。零售商除了向制造商支付货物的采购成本，还需要向保险商支付一部分保险费用，即 $\alpha\theta(wq - k_r)/(1 - \alpha\theta)$。给定制造商的批发价格 w 和保险商的保险费率 α，零售商的期望利润 $\pi_r^{ram}(q)$ 可以写成式（3 - 7）。式（3 - 7）中，上标 ram 表示零售商和制造商共同购买信用保险。

$$\pi_r^{ram}(q) = E\left[\min(px, pq) - \frac{wq - k_r}{1 - \alpha\theta}\right]^+ - k_r \qquad (3-7)$$

通过简单的推导计算，零售商的期望利润可以改写为式（3 - 8）。

$$\pi_r^{ram}(q) = pq - wq - \frac{\alpha\theta(wq - k_r)}{1 - \alpha\theta} - \int_{\tilde{x}}^q pF(x)\mathrm{d}x \qquad (3-8)$$

式（3-8）中，在有信用保险的情形下零售商的破产临界点为 $\tilde{x} = (wq - k_r)/$
$(p(1 - \alpha\theta))$。这表明当零售商的市场需求小于破产临界点 $\tilde{x}$ 时，资金约束的
零售商无法付清制造商的全部剩余货款，此时零售商面临破产。

命题 3-4　给定制造商的批发价格 w 和保险商的保险费率 α，当同时满
足 $p(1 - \alpha\theta)\overline{F}(k_r/(\alpha\theta w)) < w\overline{F}(k_r/(\alpha\theta p))$ 和 $w < p(1 - \alpha\theta)\overline{F}(k_r/w)$ 时，零
售商的最优订货量 q_i^{ram} 满足 $p\overline{F}(q_i^{ram}) - w F(\tilde{x})/(1 - \alpha\theta) = 0$。

在有信用保险的情形下，零售商的边际收益仍然为 $p\overline{F}(q_i^{ram})$，和无信用
保险情形下零售商的边际收益相同。但在有信用保险的情形下，由于零售商
承担了部分保费成本，所以零售商的边际成本为 $w F(\tilde{x})/(1 - \alpha\theta)$，不同于
无信用保险情形下零售商的边际成本。

推论 3-1　给定制造商的批发价格 w 和保险商的保险费率 α，零售商的
最优订货量 q_i^{ram} 和破产临界点 $\tilde{x}(q_i^{ram})$ 都随着零售商初始资本 k_r 的增加而降

低，即 $\dfrac{\partial q_i^{ram}(k_r)}{\partial k_r} < 0$，$\dfrac{\partial \tilde{x}(q_i^{ram}(k_r))}{\partial k_r} < 0$。

推论 3-1 表明当资金约束零售商的初始资本越低时，其订货量水平越
高。这主要是以下原因导致的。首先，由于制造商向资金约束的零售商提供
贸易信贷融资，所以零售商可以不受资金约束的限制，从制造商处采购产品
进行销售。其次，当零售商的销售收入 $p\min(x,q)$ 小于其应支付给制造商的
全部剩余货款 $(wq - k_r)/(1 - \alpha\theta)$ 时，零售商只会将销售期内实现的全部销
售收入 px 支付给制造商。因此，在有限责任的作用下，资金约束零售商的初
始资本越低，其订货量反而越大，同时从制造商处获得的贸易信贷额度也
越高。

推论 3-2　给定制造商的批发价格 w 和保险商的保险费率 α，零售商的
最优订货量 q_i^{ram} 和破产临界点 $\tilde{x}(q_i^{ram})$ 以及零售商的期望利润 $\pi_r^{ram}(q_i^{ram})$ 都
是批发价格 w 和零售商承担的保费比例 θ 的减函数，即：

（1）$\dfrac{\partial q_i^{ram}(w)}{\partial w} < 0$，$\dfrac{\partial \tilde{x}(q_i^{ram}(w))}{\partial w} < 0$，$\dfrac{\partial \pi_r^{ram}(q_i^{ram}(w))}{\partial w} < 0$；

（2）$\dfrac{\partial q_i^{ram}(\theta)}{\partial \theta} < 0$，$\dfrac{\partial \tilde{x}(q_i^{ram}(\theta))}{\partial \theta} < 0$，$\dfrac{\partial \pi_r^{ram}(q_i^{ram}(\theta))}{\partial \theta} < 0$。

从推论 3-2 可以看出，当制造商的批发价格下降时，零售商的订货量会

上升。此时资金约束的零售商从制造商那里获得的贸易信贷额度将会增加，进而使零售商的期望利润增加。此外，随着零售商承担的保费成本的降低，零售商的订货量将会增加，从而使期望利润增加。

3.4.2　制造商的批发价格决策

在有信用保险的供应链中，信用保险的存在总是促使制造商获得正的利润。因此在有信用保险的情形下，风险厌恶制造商的效用和风险中性制造商的利润相同。当给定保险商的保险费率 α 时，制造商的期望利润满足式（3 – 9）。

$$\pi_m^{ram}(w) = wq - cq - \frac{\alpha(1-\theta)(wq - k_r)}{1 - \alpha\theta} \qquad (3-9)$$

制造商的利润可以分为以下两种情形进行讨论。一种情形是在销售期结束时，当零售商面临的市场需求较低时，资金约束的零售商无法付清制造商的全部剩余货款。此时零售商面临破产，会将销售期内实现的全部销售收入 px 支付给制造商。在这种情况下，保险商将会全额赔偿制造商的货款损失 $(wq - k_r)/(1 - \alpha\theta) - px$。此外，在销售期开始时，制造商收到零售商的部分货款 $(k_r - \alpha\theta wq)/(1 - \alpha\theta)$。因此，在这种情形下，扣除制造商支付的保费成本 $\alpha(1-\theta)(wq - k_r)/(1 - \alpha\theta)$ 和产品的生产成本 cq，制造商的期末利润满足式（3 – 9）。另一种情形是当零售商面临的市场需求较高时，零售商在销售期内实现的全部销售收入能付清制造商的全部剩余货款，此时制造商的利润也满足式（3 – 9）。

命题 3 – 5　在有信用保险的供应链中，给定保险商的保险费率 α，当 $c[1 - k_r f(0)/(p(1 - \alpha\theta))]/[p\overline{F}(q^a) - pq^a f(q^a)] < 1 - \alpha < c[\overline{F}(k_r/(\alpha\theta p)) - k_r/(\alpha\theta p(1 - \alpha\theta))f(k_r/(\alpha\theta p))]/[p\overline{F}(q^d) - pq^d f(q^d)]$ 时，制造商的最优批发价格 w_i^{ram} 满足 $[(1 - \alpha)(p\overline{F}(q_i^{ram}) - pq_i^{ram} f(q_i^{ram}))]/[\overline{F}(\tilde{x}) - w_i^{ram} q_i^{ram} f(\tilde{x})/(p(1 - \alpha\theta))] = c$，其中，$q^a, q^d$ 满足 $p(1 - \alpha\theta)q^a\overline{F}(q^a) = k_r, k_r\overline{F}(k_r/(\alpha\theta p)) = p\alpha\theta(1 - \alpha\theta)q^d\overline{F}(q^d)$。

命题 3 – 5 主要阐述的是零售商和制造商共同购买信用保险的情形。当制造商独自购买信用保险时（即 $\theta = 0$），零售商的最优订货量 q_i^m 和制造商的最优批

发价格 w_i^m 满足以下公式：$p\overline{F}(q_i^m) = w_i^m \overline{F}(\hat{x})$，$(1-\alpha)[p\overline{F}(q_i^m) - pq_i^m f(q_i^m)]/$ $[\overline{F}(\hat{x}) - w_i^m q_i^m f(\hat{x})/p] = c$。此时，零售商的破产临界点为 $\hat{x}(q_i^m(w_i^m)) = (w_i^m q_i^m - k_r)/p$。

推论 3 – 3　在有信用保险的供应链中，给定保险商的保险费率 α，零售商的最优订货量 q_i^{ram} 和破产临界点 $\tilde{x}(q_i^{ram})$ 都是保险费率 α 和零售商承担的保费比例 θ 的减函数，即（1）$\dfrac{\partial q_i^{ram}(w_i^{ram})}{\partial \alpha} < 0$，$\dfrac{\partial \tilde{x}(q_i^{ram}(w_i^{ram}))}{\partial \alpha} < 0$；（2）$\dfrac{\partial q_i^{ram}(w_i^{ram})}{\partial \theta} < 0$，$\dfrac{\partial \tilde{x}(q_i^{ram}(w_i^{ram}))}{\partial \theta} < 0$。

从推论 3 – 3 可知，较高的保险费率会导致零售商较低的订货量。这主要是为了应对高额的保费成本，因此制造商会设置一个较高的批发价格。在较高的批发价格和较高的保费成本的双重作用下，零售商的订货量将会大幅下降。此外，随着零售商承担的保费比例的增加，零售商承担的保费成本也随之增加，进而加重零售商的财务负担，导致零售商订货量降低。

3.4.3　保险商的保险费率决策

如前文所述，保险商的保费收入为 $\alpha(wq - k_r)/(1 - \alpha\theta)$。当市场需求较低时，即 $x \leq \tilde{x}$，零售商在销售期结束时无法付清制造商的全部剩余货款。此时，零售商只会将销售期内获得的所有销售收入 px 支付给制造商。在这种情形下，保险商将会全额赔偿制造商的货款损失 $(wq - k_r)/(1 - \alpha\theta) - px$。因此，保险商的期望利润满足式（3 – 10）。

$$\pi_i^{ram}(\alpha) = \alpha \frac{wq - k_r}{1 - \alpha\theta} - \int_0^{\tilde{x}} \left(\frac{wq - k_r}{1 - \alpha\theta} - px \right) f(x)\,\mathrm{d}x \qquad (3 – 10)$$

命题 3 – 6　保险商的最优保险费率为 α_{n1}^{ram} 或 α_{n2}^{ram} 或 α_n^{ram}，分别满足以下公式：$(1 - \alpha_{n1}^{ram})[p\overline{F}(q^a) - pq^a f(q^a)] = c[1 - k_f f(0)/(p(1 - \alpha_{n1}^{ram}\theta))]$，$(1 - \alpha_{n2}^{ram})[p\overline{F}(q^d) - pq^d f(q^d)] = c[\overline{F}(k_r/(\alpha_{n2}^{ram}\theta p)) - k_r/(\alpha_{n2}^{ram}\theta p(1 - \alpha_{n2}^{ram}\theta))f(k_r/(\alpha_{n2}^{ram}\theta p))]$，$w_i^{ram}q_i^{ram} - k_r + (\alpha_n^{ram} - F(\tilde{x}))\Gamma + (\alpha_n^{ram} - F(\tilde{x}))(w_i^{ram}q_i^{ram} - k_r)\theta/(1 - \alpha_n^{ram}\theta) = 0$。其中，$\Gamma$ 的证明过程请见附录 A。

不同于采用传统的精算方法来评估保险商的利润，本章主要从运营管理的角度分析保险商的利润，探讨保险商如何实现利润最大化。根据命题3-6可知，理性的保险商为了实现利润最大化，会设置一个较高的保险费率。然而，高的保险费率可能会阻碍信用保险在商业贸易中的应用。

3.4.4 整体供应链的订货量决策

前文分析了供应链中零售商的订货量决策、制造商的批发价格决策和保险商的保险费率决策。本节主要分析整体供应链的订货量决策。将零售商、制造商和保险商的期望利润全部加总，得到整体供应链的期望利润，如式（3-11）所示。

$$\Pi_i^{ram}(q) = pq - cq - \int_0^q pF(x)\,\mathrm{d}x \qquad (3-11)$$

命题3-7 在有信用保险的情形下，整体供应链的订货量q_i^c满足$p\overline{F}(q_i^c) = c$。

在有信用保险的情形下，信用保险的存在会促使风险厌恶的制造商一直获得正的利润。因此，制造商的风险厌恶程度不会对整体供应链的订货量决策产生影响，这与命题3-3中无信用保险的情形不同。此外，在有信用保险的情形下，整体供应链的订货量水平也高于零售商的订货量水平，即$q_i^c > q_i^{ram}$。

3.5 信用保险的作用及其投保机制

3.5.1 保险商作为双层斯坦伯格博弈的领导者

前面已经探讨了有信用保险情形下和无信用保险情形下供应链及其参与者的运作决策。本节通过比较这两种情形来研究信用保险的应用条件和作用以及零售商和制造商两者的投保机制。

定理3-1 当保险商作为双层斯坦伯格博弈的领导者时：

（1）当 $\alpha_n^m \hat{x}(q^n(w^n)) \leqslant \int_0^{\hat{x}(q^n(w^n))} F(x)\mathrm{d}x + (\lambda - 1)\int_0^{\vec{x}(q^n(w^n))} F(x)\mathrm{d}x$ 时，可得 $q_i^m \geqslant q^n$，$w_i^m \leqslant w^n$，$\hat{x}(q_i^m(w_i^m)) \geqslant \hat{x}(q^n(w^n))$，$\pi_r^m(q_i^m(w_i^m)) \geqslant \pi_r^n(q^n(w^n))$，$\pi_m^m(q_i^m(w_i^m)) \geqslant \pi_m^n(q^n(w^n))$；

（2）当 $0 < \theta \leqslant 1$ 时，可知 $q_i^m > q_i^{ram}$，$\hat{x}(q_i^m(w_i^m)) > \tilde{x}(q_i^{ram}(w_i^{ram}))$，$\pi_r^m(q_i^m(w_i^m)) < \pi_r^{ram}(q_i^{ram}(w_i^{ram}))$，$\pi_m^m(q_i^m(w_i^m)) > \pi_m^{ram}(q_i^{ram}(w_i^{ram}))$。

当制造商的风险厌恶程度较高时，制造商倾向于独自购买信用保险。信用保险的应用有助于零售商从制造商那里获得更便宜的融资条件（即更低的批发价格）和更高的融资额度。这与一些学者的研究结论不同（Zammit et al.，2009；Li et al.，2016）。此外，信用保险的应用也提高了零售商的订货量，这也验证了一些学者的研究结论（Funatsu，1986；Ford et al.，1996；Li et al.，2016）。另外，信用保险的应用也提高了零售商和制造商的利润。上述研究结论主要是以下原因导致的。在无信用保险的情形下，随着制造商风险厌恶程度的增加，制造商对风险变得更加敏感，只能通过提高批发价格应对零售商违约给自身带来的资金损失风险。但是，在有信用保险的情形下，信用保险的存在将制造商承担的潜在资金损失风险转嫁给了保险商，促使制造商提高批发价格的程度有所降低。因此，相对于无信用保险的情形，在有信用保险的情形下制造商的批发价格更低，零售商的订货量更高，导致零售商和制造商的利润更高。

然而，相对于制造商独自购买信用保险承担全部保费成本的情形，当零售商承担保费成本时，零售商能获得更高的利润。这主要是由以下两种因素相互作用导致的。一方面，在信用保险的作用下，随着零售商承担的保费比例增加，制造商的批发价格会下降，导致零售商的订货量上升，从而使零售商利润上升。另一方面，随着零售商承担的保费比例的增加，零售商支付的保费成本也会相应增加，会加重零售商的财务负担，导致零售商订货量下降，零售商利润下降。在这两种力量的作用下，随着零售商承担的保费比例的增加，零售商的订货量将会下降。此外，制造商批发价格的下降给零售商带来的好处抵消了高额保费成本给零售商的不利影响，导致零售商利润上升。然而，在这种情形下，制造商批发价格的下降会导致制造商利润的下降，所以制造商作为双层斯坦伯格博弈的次级领导者会阻止零售商（双层斯坦伯格博弈的跟随者）购买信用保险。因此，相对于零售商独自购买信用保险或是和制造商共同购买信用保险的情形，制造商更倾向于独自购买信用保险。

定理 3 - 1 主要探讨当保险商处于非完全竞争市场时，信用保险的应用条件和作用以及零售商和制造商两者的投保机制。当保险商处于完全竞争市场时（即保险商的利润为零时），定理 3 - 1 的结论是否仍然成立？推论 3 - 4 对这个问题进行了详细的回答。

推论 3 - 4 当保险商作为双层斯坦伯格博弈的领导者且保险商处于完全竞争市场时：

（1）可知 $q_i^m > q^n, w_i^m < w^n, \hat{x}(q_i^m(w_i^m)) > \hat{x}(q^n(w^n)), \pi_r^m(q_i^m(w_i^m)) > \pi_r^n(q^n(w^n)), \pi_m^m(q_i^m(w_i^m)) > \pi_m^n(q^n(w^n))$；

（2）当 $0 < \theta \leqslant 1$ 时，可得 $q_i^m > q_i^{ram}, \hat{x}(q_i^m(w_i^m)) > \tilde{x}(q_i^{ram}(w_i^{ram})), \pi_r^m(q_i^m(w_i^m)) < \pi_r^{ram}(q_i^{ram}(w_i^{ram})), \pi_m^m(q_i^m(w_i^m)) > \pi_m^{ram}(q_i^{ram}(w_i^{ram}))$。

在完全竞争的保险市场中，由于保险商会设置一个较低的保险费率，因此不论制造商的风险厌恶程度如何，制造商始终选择购买信用保险。这与非完全竞争的保险市场中的研究结论不同。此外，在完全竞争的保险市场中，信用保险的应用会促使批发价格下降和贸易信贷额度提高，使得零售商订货量上升，进而提高了零售商和制造商的利润。另外，相对于制造商独自购买信用保险承担全部保费成本的情形，当零售商承担保费成本时，零售商的利润将会增加，但制造商的利润反而下降。这些结论与非完全竞争的保险市场情形下的研究结论类似。

定理 3 - 2 当保险商作为双层斯坦伯格博弈的领导者时，信用保险的应用提高了整体供应链的订货量水平。

在有信用保险的供应链中，由于信用保险的存在，风险厌恶的制造商始终不用承担零售商的任何违约风险，导致制造商一直获得正的利润。在这种情况下，整体供应链的订货量 q_i^c 满足 $p\bar{F}(q_i^c) = c$。然而，在没有信用保险的供应链中，风险厌恶的制造商会承担零售商的潜在违约风险，从而可能获得负的利润。在这种情况下，整体供应链的订货量 q_n^c 满足 $p\bar{F}(q_n^c) = c + (\lambda - 1)cF(\bar{x})$。因此，相对于有信用保险的情形，风险厌恶系数会对无信用保险情形下供应链的边际成本产生不利影响，导致该情形下整体供应链的订货量水平更低。

定理 3 - 3　当保险商作为双层斯坦伯格博弈的领导者时，相对于零售商承担保费成本的情形，当制造商承担全部保费成本时，整体供应链的绩效更高，但供应链并不能实现完全协调。

如定理 3 - 1 所述，相对于零售商承担保费成本的情形，制造商更愿意独自购买信用保险并承担全部保费成本。在这种情形下，制造商的产品销量更好，使得整体供应链的绩效更高，但是供应链无法实现完全协调，主要是以下两个原因导致的。一方面是信用保险的应用，制造商不会承担零售商的违约给自身带来的任何资金损失风险，此时制造商始终会获得正的利润。另一方面，保险商作为双层斯坦伯格博弈的领导者总是能获得正的利润。因此，由于制造商和保险商始终享有正的利润，所以供应链不能实现完全协调。

3.5.2　制造商作为双层斯坦伯格博弈的领导者

前一节主要讨论的是在双层斯坦伯格博弈中，保险商作为领导者，制造商作为次级领导者以及零售商作为追随者的情形。下面改变双层斯坦伯格博弈中参与者的领导地位，探讨制造商作为领导者，零售商作为次级领导者，而保险商作为追随者的情形。

定理 3 - 4　当制造商作为双层斯坦伯格博弈的领导者时，当 $0 < \theta \leqslant 1$ 时，$\acute{q}_i^{ram} > q^n$，$\tilde{x}(\acute{q}_i^{ram}(\acute{w}_i^{ram})) > \hat{x}(q^n(w^n))$，$\acute{\pi}_r^{ram}(\acute{q}_i^{ram}(\acute{w}_i^{ram})) > \pi_r^n(q^n(w^n))$；当 $\int_0^{\hat{x}(q^n(w^n))} F(x)\mathrm{d}x + (\lambda - 1)\int_0^{\vec{x}(q^n(w^n))} F(x)\mathrm{d}x \geqslant (\acute{\alpha}_n^m - \acute{\alpha}_n^m\theta)/(1 - \acute{\alpha}_n^m\theta)\hat{x}(q^n(w^n))$ 时，$\acute{\pi}_m^{ram}(\acute{q}_i^{ram}(\acute{w}_i^{ram})) > \pi_m^n(q^n(w^n))$。

当保险商作为双层斯坦伯格博弈的追随者时，保险商会设置一个较低的保险费率。在这种情况下，无论制造商的风险厌恶程度如何，零售商的订货量和利润总是高于无信用保险情况下的订货量和利润。该结论与保险商作为双层斯坦伯格博弈领导者情形下的结论不同。此外，在保险商作为追随者的情形下，当制造商的风险厌恶程度较高时，制造商也会选择购买信用保险。

相对于保险商作为双层斯坦伯格博弈领导者的情形，在保险商作为追随者的情形下，制造商购买信用保险的可能性更大。这主要是由于斯坦伯格博弈通常对其领导者有利（Chen and Cai，2011）。当保险商作为跟随者时，保险商会设置一个较低的保险费率，导致保险商只能获得供应链全部利润中很低的一部分份额。在这种情形下，制造商作为领导者可以通过设定较高的批发价格来获取供应链全部利润中很大一部分的份额，进而导致制造商购买信用保险的可能性加大。

定理 3 - 5　相对于保险商作为双层斯坦伯格博弈领导者的情形，在保险商作为追随者的情形下，整体供应链的绩效更高。

在有信用保险的情形下，无论是保险商还是制造商作为双层斯坦伯格博弈的领导者，整体供应链的期望利润在这两种情形下都是一样的。因此，相对于保险商作为领导者的情形，在制造商作为领导者的情形下，由于零售商的订货量更高，故整体供应链的绩效更高。

3.6　数值分析

本节通过数值算例分析模型中一些关键参数对供应链及其参与者决策和绩效的影响。本节的算例分析沿用一些文献中的参数设置（Aviv，2001；Wu et al.，2019）。假定产品的单位零售价格为 $p = 10$；制造商的单位生产成本为 $c = 5$；零售商承担的保费比例 θ 的取值范围在 $[0，1]$。产品的市场需求服从均值为 $\mu = 100$ 和方差为 $\sigma = 30^2$ 的正态分布。本节算例分析所采用的供应链效率表示方法与已有的一些文献相同（Cachon，2004），即采用 $\Pi(q)/\Pi(q^c)$。其中，q 表示零售商的订货量，q^c 表示整体供应链的订货量。

3.6.1　零售商承担的保费比例对供应链成员决策及绩效的影响

由图 3 - 3 和图 3 - 4 可知，当 $\theta = 0$ 时，制造商的产品销量和利润分别为 $q_i^{ram} = 65$，$\pi_m^{ram} = 130$；零售商的破产临界点和利润分别为 $\tilde{x}(q^{ram}) = 57$，$\pi_r^{ram} = 25$。当 $\theta = 1$ 时，制造商的产品销量和利润分别为 $q_i^{ram} = 63$，$\pi_m^{ram} = 123$；零售商的破产临界点和利润分别为 $\tilde{x}(q^{ram}) = 53$，$\pi_r^{ram} = 48$。随着 θ 的增加，制造商的产品销量和利润下降，零售商的利润不断增加，表明在有信用保险的情形下，

制造商更倾向于独自购买信用保险。尽管零售商愿意和制造商一起购买信用保险以获得更高的利润，但这样会损害制造商的产品销量和利润，因此制造商会阻止零售商采用这种策略。

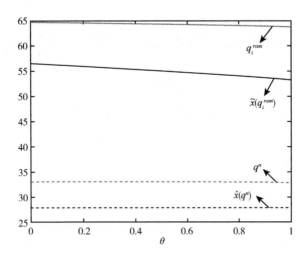

图 3 - 3　零售商承担的保费比例对零售商订货量的影响

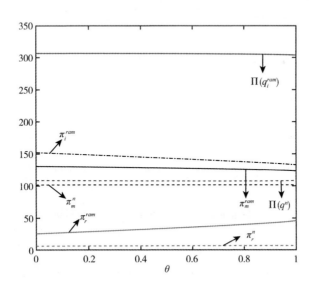

图 3 - 4　零售商承担的保费比例对供应链成员绩效的影响

此外，在无信用保险的情形下，当 $\theta = 0$ 时，制造商的产品销量和效用分别为 $q^n = 33$，$\pi_m^n = 100$；零售商的破产临界点和利润分别为 $\hat{x}(q^n) = 27.5$，

$\pi_r^n = 8$。通过比较有信用保险和无信用保险这两种情形，可知信用保险的应用可以提高零售商的订货量和利润以及制造商的利润。这些结论证实了定理 3 - 1的研究结论。

3.6.2 制造商的风险厌恶程度对供应链成员决策及绩效的影响

图 3 - 5 至图 3 - 7 表明，在无信用保险的情形下，由于制造商会承担零售商的违约风险，所以随着制造商风险厌恶程度的增加，制造商的批发价格将会增加。因此零售商的订货量将会下降，导致零售商的利润和制造商的效用下降。但是，在有信用保险的情形下，因为信用保险的存在促使制造商一直获得正的利润，因此制造商的风险厌恶程度不会对零售商的订货量和供应链参与者的绩效产生任何影响。

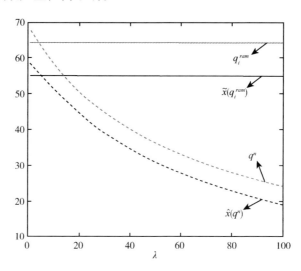

图 3 - 5 制造商的风险厌恶程度对零售商订货量的影响

当制造商的风险厌恶程度 λ 小于 3 时，零售商和制造商都不会采用信用保险。当 λ 在 3 ~ 40 时，尽管信用保险的应用会使零售商受益，但制造商仍然会阻止零售商购买信用保险，因为这会损害制造商的利益。当 $\lambda \geqslant 40$ 时，信用保险的应用可以使所有供应链参与者受益，达到双赢的局面。以 $\lambda = 60$ 为例，在有信用保险的情形下，零售商的订货量和利润分别为 $q_i^{ram} = 65$，$\pi_r^{ram} = 38$；制造商的利润为 $\pi_m^{ram} = 128$。在无信用保险的情形下，零售商的订

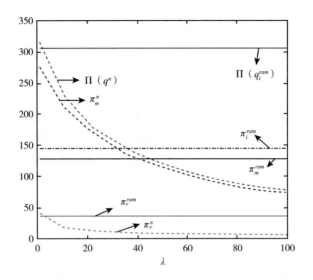

图 3 - 6　制造商的风险厌恶程度对供应链成员绩效的影响

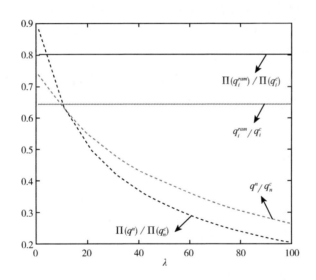

图 3 - 7　制造商的风险厌恶程度对供应链效率的影响

货量和利润分别为 $q^n = 35$，$\pi_r^n = 8$；制造商的效用为 $U_m^n = 100$。此外，当 $\lambda = 60$ 时，在有信用保险的情形下的供应链效率为 $\Pi(q_i^{ram})/\Pi(q_i^c) = 0.8$，高于无信用保险情形下的供应链效率 $\Pi(q^n)/\Pi(q_n^c) = 0.3$，表明信用保险的应用可以提高供应链效率，并在一定程度上实现供应链部分协调。此外，随着制造商风险厌恶程度的增加，从提高供应链效率水平和实现供应链部分协调的程度来看，信用保险比贸易信贷发挥的作用更强。

3.6.3 零售商的初始资本对供应链成员决策及绩效的影响

从图 3 - 8 至图 3 - 10 来看，在无信用保险的情形下，随着零售商初始资本 k_r 的降低，零售商的订货量水平将会下降，导致零售商的利润和制造商的效用下降。但是，在有信用保险的情形下，当零售商的初始资本 k_r 较低时，零售商的订货量较高，主要是以下原因导致的。一方面，由于零售商的有限责任及制造商可以通过信用保险将潜在的资金损失风险转移给保险商，因此零售商较低的初始资本会导致零售商较高的订货量。另一方面，随着零售商初始资本 k_r 的降低，零售商付清制造商全部剩余货款的可能性下降。因此，保险商需要赔付制造商资金损失的可能性增加，导致保险商设置一个较高的保险费率，使零售商订货量降低。综合考虑这两种因素的影响，当零售商的初始资本较低时，促使零售商订货量上升的因素将发挥主导作用。因此，零售商较低的初始资本将会导致零售商较高的订货量。但是由于零售商较低的初始资本会导致较高的保险费率，所以高额的保费成本会导致零售商获得较低的利润，同时使保险商获得较高的利润。

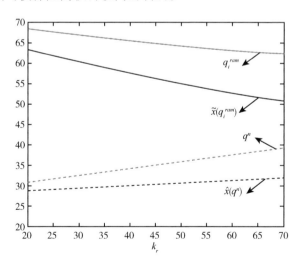

图 3 - 8　零售商的初始资本对零售商订货量的影响

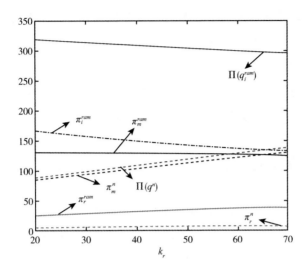

图 3-9　零售商的初始资本对供应链成员绩效的影响

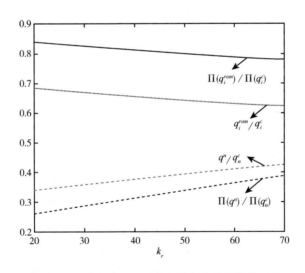

图 3-10　零售商的初始资本对供应链效率的影响

当资金约束零售商的初始资本较低时，信用保险也会被应用于商业贸易中。当零售商的初始资本为 65~70 时，尽管零售商想购买信用保险，但制造商会阻止零售商的这种行为，因为信用保险的应用会损害制造商的效用。当零售商的初始资本低于 65 时，制造商会选择购买信用保险，这对所有供应链成员都是有利的。此外，信用保险的应用能使供应链实现部分协调，提高供应链的效率。以零售商的初始资本 $k_r = 20$ 为例，在有信用保险的情形下，零售商的订货量和利润分别为 $q_i^{ram} = 68$，$\pi_r^{ram} = 24$；制造商的利润为 $\pi_m^{ram} = 130$；供应链的效率为 $\Pi(q_i^{ram})/\Pi(q_i^c) = 0.85$。在无信用保险的情形下，零售商的订货量和利润分别为 $q^n = 31$，$\pi_r^n = 8$；制造商的效用为 $\pi_m^n = 80$；供应链的效率为 $\Pi(q^n)/\Pi(q_n^c) = 0.28$。

3.6.4 保险商的领导地位对供应链成员决策及绩效的影响

从图 3 - 6 可知，在保险商作为双层斯坦伯格博弈领导者的情形下，当制造商的风险厌恶参数 $\lambda \geqslant 40$ 时，制造商会选择购买信用保险。由图 3 - 12 可知，在制造商作为双层斯坦伯格博弈领导者的情形下，当制造商的风险厌恶参数 $\lambda \geqslant 8$ 时，制造商会选择购买信用保险，表明相对于保险商作为双层斯坦伯格博弈领导者的情形，在制造商作为双层斯坦伯格博弈领导者的情形下，制造商购买信用保险的可能性更大。此外，相对于保险商作为领导者的情形，在制造商作为领导者的情形下，零售商能获得更高的订货量和利润，制造商也能获得更高的利润，但保险商只能获得更低的利润。以制造商的风险厌恶参数 $\lambda = 60$ 为例，在保险商作为双层斯坦伯格博弈领导者的情形下，如图 3 - 5 和图 3 - 6 所示，当 $\lambda = 60$ 时，零售商的订货量和利润分别为 $q_i^{ram} = 65$，$\pi_m^{ram} = 38$；制造商的利润为 $\pi_m^{ram} = 128$；保险商的利润为 $\pi_i^{ram} = 140$。在制造商作为双层斯坦伯格博弈领导者的情形下，如图 3 - 11 和图 3 - 12 所示，当 $\lambda = 60$ 时，零售商的订货量和利润分别为 $q_i^{ram} = 79$，$\pi_r^{ram} = 75$；制造商的利润为 $\pi_m^{ram} = 228$；保险商的利润为 $\pi_i^{ram} = 40$。

此外，由图 3 - 6 可知，在保险商作为双层斯坦伯格博弈领导者的情形下，当制造商的风险厌恶参数 $\lambda \geqslant 8$ 时，信用保险的应用能促使零售商获得更高的订货量和利润。但是，由图 3 - 12 可知，在制造商作为双层斯坦伯格博弈领导者的情形下，无论制造商的风险厌恶程度如何，信用保险的应用始终能使零售商获得更高的订货量和利润。以上也验证了定理 3 - 4 的研究结论。

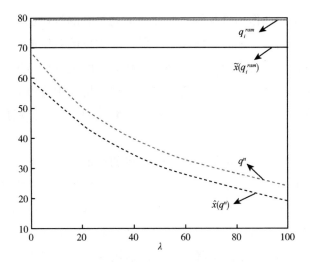

图 3－11　保险商的领导地位对零售商订货量的影响

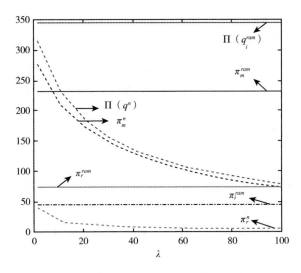

图 3－12　保险商的领导地位对供应链成员绩效的影响

3.7　本章小结

本章将信用保险引入资金约束的供应链中，探讨信用保险在资金约束供应链中的应用条件和作用以及零售商和制造商两者的投保机制。本章主要探讨了由一个零售商、一个制造商和一个保险商构成的双层斯坦伯格博弈，并在此基础上分析了零售商的订货量决策、制造商的批发价格决策和保险商的保险费率决策。此外，本章还改变双层斯坦伯格博弈中零售商、制造商和保险商的决策顺序，探讨了供应链参与者领导地位的变化对信用保险的应用条件和作用的影响。

在保险商作为双层斯坦伯格博弈领导者的情形下，当制造商的风险厌恶程度较高时，制造商倾向于独自购买信用保险。尽管零售商想和制造商一起购买信用保险以获得更高的利润，但制造商不会同意零售商采用这种策略，这是因为随着零售商承担的保费比例的增加，零售商的利润不断增加，但制造商的产品销量和利润不断下降。此外，信用保险的应用能让零售商获得更便宜的融资条件（即更低的批发价格）和更大的贸易信贷额度，导致零售商订货量以及供应链所有参与者利润的增加。从整体供应链的角度来看，信用保险的应用提高了整体供应链的订货量水平，也提高了供应链效率，实现了供应链部分协调，但不能使供应链实现完全协调。此外，相对于零售商承担保费成本的情形，在制造商承担所有保费成本的情形下，整体供应链的绩效更高，这表明为了给社会创造更大的价值，政府可以采取一些积极措施鼓励制造商而不是零售商购买信用保险。

在制造商作为双层斯坦伯格博弈领导者的情形下，当制造商的风险厌恶程度较高时，制造商会选择购买信用保险，此时制造商能获得更高的利润。在制造商作为领导者的情形下，无论制造商的风险厌恶程度如何，零售商的订货量和利润总是比无信用保险时高，这不同于保险商作为双层斯坦伯格博弈领导者情形下的结论。此外，相对于保险商作为领导者的情形，在制造商作为领导者的情形下，信用保险被应用于商业贸易的可能性更大，同时整体供应链的绩效更高，表明当制造商（制造业）的领导地位强于保险商（金融服务业）时，这种商业模式可以为社会创造更大的价值。

第*4*章

资金约束供应链中制造商的投保策略

本书第 3 章假设对零售商所有延期付款的款项进行全额投保,通过研究发现相对于零售商独自购买信用保险以及和制造商共同购买信用保险的情形,制造商更愿意独自购买信用保险,此时制造商能获得更高的产品销量和利润。此外,信用保险的应用也能促使资金约束的零售商获得更优惠的融资条件、更高的贸易信贷额度以及更高的利润。因此,本章在第 3 章研究结论的基础上进一步探讨在制造商独自购买信用保险的情形下制造商的最优投保额度问题,同时分析在考虑保险商决策和不考虑保险商决策的情形下,信用保险在资金约束供应链中的应用条件、作用以及对供应链参与者运营风险的影响。

4.1 引 言

自改革开放以来,我国的中小企业取得了突飞猛进的发展,对我国国民经济的发展有重要的作用,也为我国的经济增长做出了重大的贡献。随着企业之间的竞争不断加剧,众多中小企业在发展过程中面临越来越多的困难。目前,中小企业面临的最大难题之一就是资金短缺。资金短缺不仅会严重影响和制约企业自身的发展,还会使他们在和其他企业的竞争中处于弱势地位。由于中小企业信用评级较差、违约风险较高以及存在严重的信息不对称情况,往往很难从银行获得融资(Deng et al. , 2018)。2016 年,中国只有约 20%的中小企业获得了商业银行贷款(Shi, 2017)。在金融危机之后,美国 22 家商业银行大幅减少了对中小企业的贷款额度（Wu et al.，2014）。只有极少数银行接受中小企业的贷款申请，向中小企业发放贷款，同时其中不少银行正逐渐停止对中小企业的贷款。相关数据表明，美国向中小企业发放贷款的银行数量从 2016 年 6 月的 6058 家减少到 2017 年 6 月的 5787 家（FDIC，2018）。① 此外，提供贷款的这些商业银行向中小企业所提供的大部分贷款额度都是有限的。相关统计数据表明，2016 年美国金融机构发放了 570 万笔 10 万美元以下的贷款，总价值 826 亿美元（FFIEC，2017）。② 即使在今天，由于中小企业的信用度低及破产风险高，金融机构仍然害怕并会拒绝向中小企业提供贷款（Zhu et al.，2019）。

由于大部分中小企业不能从银行等金融机构获得融资，贸易信贷作为一种重要的短期融资方式，被广泛地应用于商业贸易中。贸易信贷允许买方（零售商）在向卖方（制造商）购买货物或服务的过程中延期支付货款。贸易信贷可以促使融资提供方（制造商）和融资方（零售商）获得更高的利润（Kouvelis and Zhao，2012；Yang and Birge，2017），同时还能有效地提高供应链效率（Yang and Birge，2017）。然而，由于市场需求的不确定性，贸易信贷的提供方（制造商）可能无法从融资方（零售商）手中收回全部货款，导致制造商面临巨大的资金损失，甚至可能导致制造商资金链的断裂（Kouvelis and Zhao，2011；Shi and Zhang，2010）。

以中国广东的一家出口企业为例。广东省 R 出口企业的年出口额大概在 200 万美元，买方大多是合作多年的欧美客户。R 企业和买方德国 J 企业合作多次，双方交易一直都很顺利。2017 年 3 月，广东省 R 出口企业向德国 J 企业出口 3 万美元的商品，双方约定采用延期付款方式结算。J 企业先支付 30% 的预付款，剩余近 2 万美元货款在 2017 年 5 月 7 日付清。2017 年 4 月 10 日，R 企业向买方 J 企业发出货物。发货后，R 出口企业一直要求 J 企业付款，但 J 企业不予理会。2017 年 5 月 25 日，买方 R 出口企业通过社交平台得知 J 企业破产清算。此时由于 J 企业的破产，R 出口企业面临很大的资金损失。R 企业的财务人员想到当时和德国 J 企业交易时购买了信用保险，因此向中国信保说明情况并提出索赔。最终损失得到赔偿，在很大程度上降低了

---

① Federal Deposit Insurance Corporation Database，2018. https：//www.fdic.gov/.
② Federal Financial Institutions Examination Council Database，2017. https：//www.ffiec.gov/.

R 企业的资金损失。[①]

　　信用保险作为一种有效的风险管理工具，被广泛地应用于商业活动中。信用保险的应用不仅可以提高企业的产品销量（Jones，2010），而且可以提高企业的利润水平（Li et al.，2016）。但是，信用保险的应用也会增加企业的运营成本（Li et al.，2016）。对谋求利润最大化的企业而言，在什么情形下购买信用保险以及购买多少额度的信用保险显得尤为重要。

　　在供应链金融领域，对信用保险的研究是一个重要的议题。以前关于信用保险的研究主要分析信用保险对企业产品销量和利润的影响。例如，一些学者发现信用保险的信用可以提高企业的产品销量（Funatsu，1986；Ford et al.，1996；Rienstra-Munnicha and Turvey，2002）。还有些学者发现，在采用银行融资的情形下信用保险的应用可以提高制造商和银行的利润（Li et al.，2016）。以前关于信用保险方面的研究主要聚焦于信用保险对企业利润方面的影响，很少有学者研究信用保险的应用会对供应链成员企业的运营风险产生何种影响。具体而言，信用保险作为一种风险管理工具，可以将投保方（制造商）的资金损失风险转移给保险商，有效降低制造商的资金损失风险。但信用保险的应用会对零售商的破产风险产生何种影响呢？

　　本章首先考虑由一个零售商和一个制造商构成的两级供应链。制造商作为单层斯坦伯格博弈的领导者，决定批发价格；零售商作为跟随者，决定订货量。接下来，本章考虑由一个零售商、一个制造商和一个保险商构成的三级供应链。保险商作为双层斯坦伯格博弈的领导者，决定保险费率；制造商作为次级领导者，决定批发价格和投保额度；零售商作为跟随者，决定订货量。本章主要研究制造商投保时的最优投保额度问题，并探讨在考虑保险商决策和不考虑保险商决策的情形下，信用保险的应用条件、作用以及对供应链参与者运营风险的影响。

　　本章的主要贡献如下：（1）分别得到在有信用保险情形下和无信用保险情形下供应链参与者的运作决策；（2）分别阐述了在考虑保险商决策和不考虑保险商决策的情形下信用保险在资金约束供应链中的应用条件、作用以及对供应链参与者运营风险的影响；（3）讨论了资金约束零售商的初始资本和

[①] 资料来源：http://www.sinosure.com.cn/xwzx/xbsa/2018/03/190648.shtml.

制造商的风险厌恶程度等如何影响供应链成员的决策和绩效。

4.2 模型描述

本章主要研究由一个资金约束的零售商、一个资金充裕的制造商以及一个保险商构成的供应链。与一些文献的假设类似（Yan et al.，2019），本章假设向资金约束的零售商提供贸易信贷融资的制造商是风险厌恶的，资金约束的零售商和保险商是风险中性的。图 4-1 描述了零售商、制造商和保险商之间发生事件的先后顺序。

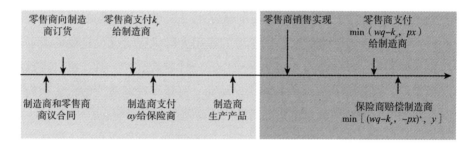

图 4-1 决策和事件的顺序

1. 在销售期开始时，零售商向制造商订购 q 单位的产品，单位产品的批发价格为 w。假设零售商是资金约束的，即零售商所有的初始资本 k_r 小于应支付给制造商的全部货款 wq。资金约束的零售商在销售期开始时将其拥有的全部初始资本 k_r 支付给制造商，剩余货款 $wq - k_r$ 在销售期结束时再支付给制造商。由于市场需求的不确定性，零售商可能会发生违约行为，无法向制造商支付全部的剩余货款 $wq - k_r$。为了避免零售商的违约行为导致的资金损失风险，风险厌恶的制造商向保险商购买信用保险。其中，投保额度为 y，保险费率为 α（$0 < \alpha < 1$）。

2. 在销售期结束时，如果零售商的产品销量较好，零售商会将全部剩余货款 $wq - k_r$ 支付给制造商。如果零售商的产品销量较差，零售商只会将销售期内获得的全部销售收入 px 支付给制造商。在这种情况下，保险商将赔偿制造商的货款损失 $\min[(wq - k_r - px)^+, y]$。图 4-2 描述了保险商、制造商和零售商三者的博弈顺序；表 4 - 1 总结了本章研究中所用符号的含义。

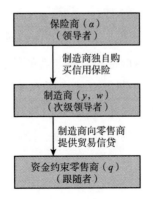

图 4 - 2　保险商、制造商和零售商三者的博弈顺序

表 4 - 1　　　　　　　　　　　　　符号含义

符号	符号含义
p	单位产品的零售价格
w	单位产品的批发价格
c	制造商单位产品的生产成本
α	保险商的保险费率
k_r	零售商的初始资本
x	随机市场需求
q	零售商的订货量
q_s	整体供应链的订货量
y	制造商的投保额度
π_r^i	零售商在有信用保险供应链中的期望利润
π_r^n	零售商在无信用保险供应链中的期望利润
U_o^i	制造商在有信用保险供应链中的期望效用
U_o^n	制造商在无信用保险供应链中的期望效用
π_i^i	保险商在有信用保险供应链中的期望利润
U_s^i	在有信用保险情形下整体供应链的效用
U_s^n	在无信用保险情形下整体供应链的效用

x 表示随机市场需求，且 $x > 0$，其概率密度函数满足 $f(x) > 0$，其累积分布函数 $F(x)$ 是可微且单调增加的，且满足 $\overline{F}(x) = 1 - F(x)$。假设失败率 $z(x) = f(x)/\overline{F}(x)$ 是 x 的增函数。本章的其他假设如下。

假设 1：信息对称，即供应链所有参与者的信息都是公开的。

假设 2：没有道德风险，即供应链中所有参与者都不会违反合同协议，并且零售商会尽自己最大可能支付制造商的货款。

假设 3：资本市场是完美的，没有税收、没有破产成本等。

4.3 基本模型：无信用保险

为了研究信用保险在资金约束供应链中的应用条件、作用以及对供应链参与者运营风险的影响，本节首先探讨无信用保险情形下零售商的订货量决策和制造商的批发价格决策。本章相关的命题、引理、推论、定理的证明见附录 B。

4.3.1 零售商的订货量决策

在销售期开始时，资金约束的零售商从制造商那里采购产品，同时零售商先用自身所有的初始资本 k_r 支付部分货款。在销售期结束时，零售商利用销售期内实现的所有销售收入 $p\min(x, q)$ 支付剩余货款 $wq - k_r$。当零售商的销售收入不能付清制造商的全部剩余货款时，零售商只会将销售期内获得的所有销售收入 px 支付给制造商。当给定制造商的批发价格 w 时，资金约束零售商的期望利润满足式（4 - 1）。

$$\pi_r^n(q) = E\left[p\min(x, q) - (wq - k_r)\right]^+ - k_r \qquad (4-1)$$

通过简单的换算，零售商的期望利润可以改写为式（4 - 2）。

$$\pi_r^n(q) = pq - wq - \int_{\tilde{x}}^{q} pF(x)\,\mathrm{d}x \qquad (4-2)$$

其中，资金约束零售商的破产临界点为 $\tilde{x} = (wq - k_r)/p$，表示当产品的市场需求小于 $\tilde{x}$ 时，零售商将无法付清制造商的全部剩余货款，此时零售商面临破产。

命题 4 - 1　在一个无信用保险的供应链中，给定制造商的批发价格 w，零售商最优的订货量 q_r^n 满足 $p\overline{F}(q_r^n) = w\overline{F}(\tilde{x})$。

如有些学者所述（Hadley and Whitin，1963），在无资金约束的供应链中，零售商的最优订货量 q^e 满足 $p\overline{F}(q^e) = w$。其中，零售商的边际收益为 $p\overline{F}(q^e)$；零售商的边际成本为 w。然而，在有资金约束但无信用保险的供应链中，零售商的边际收益仍然为 $p\overline{F}(q_r^n)$，但零售商的边际成本下降为 $w\overline{F}(\tilde{x})$。这主要是因为在有资金约束的供应链中零售商会采用贸易信贷融资。在销售期结束时，当零售商在销售期内实现的销售收入 px 不能付清制造商的全部剩余货款 $wq - k_r$ 时，零售商只会将其在销售期内实现的所有销售收入支付给制造商。在这种情形下，零售商的有限责任导致零售商的边际成本低于无资金约束情形下零售商的边际成本。

4.3.2　制造商的批发价格决策

本节主要讨论风险厌恶制造商在效用最大化情形下的批发价格决策。与有些文献类似（Wang and Webster，2009），采用分段函数刻画风险厌恶制造商的效用，如式（4 - 3）所示。

$$U_o^n = \begin{cases} \pi_o & \pi_o \geq 0 \\ \lambda\pi_o & \pi_o < 0 \end{cases} \tag{4 - 3}$$

其中，π_o 表示制造商的期末利润；λ 表示制造商的风险厌恶程度。当 $\lambda = 1$ 时，制造商是风险中性的；当 $\lambda > 1$ 时，制造商是风险厌恶的。随着 λ 的增加，制造商的风险厌恶程度也随之增加。

在销售期开始时，零售商支付部分货款 k_r 给制造商。在销售期结束时，零售商支付给制造商的货款为 $\min [wq - k_r, px]$。如果零售商的市场需求非常低，零售商将无法付清制造商的全部剩余货款 $wq - k_r$，此时零售商只会将销售期内实现的全部销售收入 px 支付给制造商。在这种情形下，制造商的利润可能为负值。因此，在没有信用保险的情形下，制造商的期望效用可以用式（4-4）表示。

$$U_o^n(w) = wq - cq - \int_0^{\tilde{x}} pF(x)\mathrm{d}x - (\lambda - 1)\int_0^{\hat{x}} pF(x)\mathrm{d}x \qquad (4-4)$$

其中，$\hat{x} = (cq - k_r)/p$，表明当产品的市场需求低于 $\hat{x}$ 时，制造商的利润为负值。为分析制造商的最优批发价格决策，首先分析批发价格 $w(q,k_r)$ 的可行域。本章主要讨论的是零售商为资金约束的情形，即 $k_r \leqslant w q_r^n$。令 w_1，w_2 为方程 $k_r = w q^e$ 的解，其中 $w_1 \leqslant w_2$。如果 $w_1 \leqslant w \leqslant w_2$，则不等式 $w q_r^n - k_r > 0$ 成立。此外，零售商的订货量水平不高于整体供应链的订货量水平，即 $w\overline{F}(\tilde{x}(q)) \geqslant c[1 + (\lambda - 1)F(\hat{x}(q))]$。令 w_3 为 $w\overline{F}(\tilde{x}(q)) = c[1 + (\lambda - 1)F(\hat{x}(q))]$ 的解，可得 $w \geqslant w_3$。

引理 4-1 在无信用保险的供应链中，制造商批发价格 w 的可行域为 $[\underline{w}, \overline{w}]$，其中 $\underline{w} = \max[w_1, w_3]$，$\overline{w} = w_2$。

引理 4-1 阐述了制造商批发价格的可行域，表明制造商的批发价格不能设置得过高或过低。这是因为当制造商的批发价格过高时，零售商的订货量会很低，导致制造商的利润很低；当制造商的批发价格过低时，制造商的利润也很低。因此一个理性的制造商为了获得较高的利润，不会将批发价格设置得过高或过低。

命题 4-2 在无信用保险的供应链中，制造商的最优批发价格满足 $w^* = \min[\max[\underline{w}, w_r^n], \overline{w}]$，其中 w_r^n 满足 $\overline{F}(\tilde{x})[p\overline{F}(q_r^n) - pq_r^n f(q_r^n)]/[\overline{F}(\tilde{x}) - f(\tilde{x})w_r^n q_r^n/p] = [(\lambda - 1)F(\hat{x}) + 1]c$。

如果制造商的最优批发价格为 w_1 和 w_2，由于 $wq^e = k_r$ 和 $p\overline{F}(q^e) = w$，可知 $p\overline{F}(q^e)q^e = k_r$。如有些学者所述（Kouvelis and Zhao, 2012），$q^e\overline{F}(q^e)$ 是 q^e 的拟凹函数，所以满足 $p\overline{F}(q^e)q^e = k_r$ 的零售商订货量 q^e 只有两组解。因此，制造商的批发价格 w 也只有两组解满足 $w\overline{F}^{-1}(w/p) = k_r$。此外，由于 q_r^n 是 w 的减函数，w 和 q_r^n 存在一一对应的关系。因此，同时满足 $w\overline{F}^{-1}(w/p) = k_r$ 和 $p\overline{F}(q_r^n) = w\overline{F}(\tilde{x})$ 的批发价格只有两组解 w_1 和 w_2，且这两组解都满足 $wq_r^n = k_r$。但是，本章假设 $wq_r^n > k_r$。如果 $wq_r^n = k_r$，零售商在销售期开始时就会将所有的货款支付给制造商，此时制造商不会面临零售商的违约风险。因此，

满足 $w q_r^n = k_r$ 的两组解 w_1 和 w_2 不在本章的讨论范围内。

因为零售商的边际成本 $w_r^n \overline{F}(\tilde{x})$ 高于制造商的边际收益 $w_r^n \overline{F}(\tilde{x})[1 - q_r^n z(q_r^n)]/[1 - z(\tilde{x})w_r^n q_r^n/p]$，且 $w\overline{F}(\tilde{x})[1 - q_r^n z(q_r^n)]/[1 - z(\tilde{x})w q_r^n/p]$ 是 q_r^n 的减函数，同时也是 w 的增函数，所以可知 $w_3 < w_r^n$。因此 w_3 不是制造商批发价格的最优解。由于 w_1 和 w_2 不在本章的考虑范围内，因此只关注制造商的最优批发价格为 w_r^n 的情形。

当制造商最优的批发价格为 w_r^n 时，制造商的边际收益为 $\overline{F}(\tilde{x})[p\overline{F}(q_r^n) - pq_r^n f(q_r^n)]/[\overline{F}(\tilde{x}) - f(\tilde{x})w_r^n q_r^n/p] = w_r^n \overline{F}(\tilde{x})[1 - q_r^n z(q_r^n)]/[1 - z(\tilde{x})w_r^n q_r^n/p]$。此时，零售商的边际成本 $w\overline{F}(\tilde{x})$ 和制造商的边际收益之间存在边际损失。

4.3.3　整体供应链的订货量决策

前面两节主要探讨利润最大化情形下风险中性零售商的订货量决策和效用最大化情形下风险厌恶制造商的批发价格决策。由于风险中性情形下的利润是效用函数在 $\lambda = 1$ 情形下的一个特例，因此可以将零售商的利润和制造商的效用加总，得出整体供应链的效用，如式（4-5）所示。

$$U_s^n(q) = pq - cq - \int_0^q pF(x)\mathrm{d}x - (\lambda - 1)\int_0^{\hat{x}} pF(x)\mathrm{d}x \qquad (4-5)$$

命题 4-3　在无信用保险的供应链中，整体供应链的订货量水平 q_s^n 满足 $p\overline{F}(q_s^n) = c[1 + (\lambda - 1)F(\hat{x})]$。

在整体供应链中，额外增加一单位产品产生的边际收益为 $p\overline{F}(q_s^n)$，边际成本为 $c[1 + (\lambda - 1)F(\hat{x})]$，其中 $\hat{x}(q) = (cq - k_r)/p$。由命题 4-3 可知，风险厌恶程度会对整体供应链产生不利影响。具体而言，随着风险厌恶程度的增加，整体供应链的边际成本增加，进而使整体供应链的订货量水平下降。

4.4　考虑信用保险下供应链决策分析

上一节已经探讨了无信用保险情形下供应链及其成员的运作决策。为了研究信用保险在资金约束供应链中的应用条件、作用以及对供应链参与者运营风险的影响，本节将讨论有信用保险情形下供应链及其参与者的运作决策。

4.4.1 零售商的订货量决策

本章假设制造商独自购买信用保险承担所有保费成本，同时零售商不承担任何保费成本。此外，保险商也只会对制造商的资金损失进行赔付。因此，在有信用保险情形下零售商的期望利润和无信用保险的情形相同，如式（4-6）所示。

$$\pi_r^i(q) = pq - wq - \int_{\tilde{x}}^q pF(x)\,\mathrm{d}x \qquad (4-6)$$

其中，在有信用保险的情形下，零售商的破产临界点为 $\tilde{x} = (wq - k_r)/p$，表明当零售商的市场需求低于 $\tilde{x}$ 时，零售商无法付清制造商的全部剩余货款 $wq - k_r$，此时零售商面临破产。

命题 4-4 给定制造商的批发价格 w 和投保额度 y，零售商的最优订货量 q_r^i 满足 $p\overline{F}(q_r^i) = w\overline{F}(\tilde{x})$。

对资金约束的零售商而言，高的订货量水平会带来高额利润。此外，根据命题 4-4 可知，在给定批发价格 w 和投保额度 y 的情形下，零售商的破产风险 $\tilde{x}$ 会随订货量水平 q_r^i 的增加而增加。作为一个理性的资金约束零售商，不仅应考虑自身的订货量和利润，还应考虑自身的破产风险（即企业的存活率）。

引理 4-2 在有信用保险的供应链中，资金约束零售商的破产临界点满足 $Z(\tilde{x}(q_r^i)) = \tilde{x}(q_r^i)f(\tilde{x}(q_r^i))/\overline{F}(\tilde{x}(q_r^i)) < 1$。

正如有些学者所述（Lariviere and Porteus, 2001），广义失败率 $Z(x)$ 表示零售商订货量水平每增加 1%，零售商的缺货风险会下降约 1%。引理 4-2 表明，零售商订货量的增加虽然导致零售商缺货风险的降低，但会导致零售商破产风险的增加。作为一个理性的零售商，正确权衡自身的缺货风险和破产风险对企业的发展非常重要。

推论 4-1 在给定批发价格 w 的情形下，零售商的订货量 q_r^i、破产临界点 $\tilde{x}(q_r^i)$ 和期望利润 $\pi_r^i(q_r^i)$ 不受制造商投保额度 y 的影响。然而，在给定

投保额度 y 的情形下，零售商的订货量 q_r^i、破产临界点 $\tilde{x}(q_r^i)$ 和期望利润 $\pi_r^i(q_r^i)$ 是制造商批发价格 w 的减函数，即 $\dfrac{\partial q_r^i(y)}{\partial y}=0$, $\dfrac{\partial \tilde{x}(q_r^i(y))}{\partial y}=0$, $\dfrac{\partial \pi_r^i(q_r^i(y))}{\partial y}=0$; $\dfrac{\partial q_r^i(w)}{\partial w}<0$, $\dfrac{\partial \tilde{x}(q_r^i(w))}{\partial w}<0$, $\dfrac{\partial \pi_r^i(q_r^i(w))}{\partial w}<0$。

根据推论 4-1 可知，在给定制造商批发价格的情形下，制造商的投保额度不会对零售商的订货量、破产临界点和利润产生影响。但是制造商的投保额度会通过批发价格间接影响零售商的订货量、破产临界点和利润。此外，随着制造商批发价格的增加，零售商的采购成本上升，使零售商的订货量和制造商提供给零售商的贸易信贷额度 $wq-k_r$ 下降，进而导致零售商利润下降。但是，由于零售商订货量下降，零售商的破产风险也会随之下降。

推论 4-2　在给定制造商批发价格 w 和投保额度 y 的情形下，零售商的订货量 q_r^i、破产临界点 $\tilde{x}(q_r^i)$ 和期望利润 $\pi_r^i(q_r^i)$ 是零售商的初始资本 k_r 的减函数，即 $\dfrac{\partial q_r^i(k_r)}{\partial k_r}<0$, $\dfrac{\partial \tilde{x}(q_r^i(k_r))}{\partial k_r}<0$, $\dfrac{\partial \pi_r^i(q_r^i(k_r))}{\partial k_r}<0$。

不考虑制造商的批发价格决策和投保额度决策，随着零售商初始资本的降低，零售商的订货量、贸易信贷额度、破产风险和利润都会增加。这主要是贸易信贷的风险分担机制引起的。当零售商在销售期内实现的销售收入 $p\min(x,q)$ 小于应支付给制造商的剩余货款 $wq-k_r$ 时，零售商只会将销售期内实现的全部销售收入 px 支付给制造商。因此，零售商初始资本水平越低，零售商的订货量越高，资金约束的零售商从制造商处获得的贸易信贷额度越高，进而导致零售商的利润越高。但零售商高的订货量会导致零售商高的破产风险。

4.4.2　制造商的批发价格决策及投保额度决策

前面已经讨论了有信用保险情形下零售商的订货量决策。本节主要讨论有信用保险情形下风险厌恶制造商的批发价格决策和投保额度决策。风险厌恶制造商的期末效用主要分为以下三种情形。第一种情形，当 $0<x<\vec{x}$ 时，$\vec{x}=(cq+\alpha y-y-k_r)/p$，零售商破产且无法付清制造商的全部剩余货款，同时制造商的投保额度很低，此时制造商会获得负的利润。第二种情形，当

$\vec{x} \leqslant x < \overline{x}$时，$\overline{x} = (wq - k_r - y)/p$，零售商无法付清制造商的全部剩余货款，同时制造商的投保额度较低，此时制造商无法从保险商处获得全部损失的赔偿，但制造商仍然能获得正的利润。第三种情形，当 $x \geqslant \overline{x}$ 时，零售商的产品销量较好，在销售期内实现的销售收入能付清制造商的全部剩余货款；当零售商破产时，制造商的投保额度较高，同时能从保险商那里获得全额损失赔偿 $wq - px$。此时，制造商的利润为 $wq - cq - \alpha y$。在这种情况下，制造商的利润为正值，否则制造商会拒绝和零售商进行任何交易。因此风险厌恶制造商的效用函数满足式（4 - 7）。

$$U_o^i(w,y) = \begin{cases} \lambda(px + y + k_r - cq - \alpha y) & 0 < x < \vec{x} \\ px + y + k_r - cq - \alpha y & \vec{x} \leqslant x < \overline{x} \\ wq - cq - \alpha y & \overline{x} \leqslant x \end{cases} \quad (4-7)$$

经过简单的推导计算，风险厌恶制造商的期望效用可以写为式（4 - 8）。

$$U_o^i(w,y) = wq - p\int_0^{\overline{x}} F(x)\mathrm{d}x - (\lambda - 1)p\int_0^{\vec{x}} F(x)\mathrm{d}x - cq - \alpha y \quad (4-8)$$

引理 4 - 3 在有信用保险的供应链中，零售商订货量 q_r^i 满足 $Z(q_r^i) = q_r^i f(q_r^i)/\overline{F}(q_r^i) \leqslant 1$。

根据引理 4 - 3 可知，$Z(q_r^i) \leqslant 1$ 表示资金约束的零售商倾向于充分利用贸易信贷的有限责任来获得较高的订货量，进而获得较高的利润。但制造商作为斯坦伯格博弈的领导者会设置一个较高的批发价格来阻止这种行为，进而使零售商缺货风险增加。

类似于分析无信用保险情形下制造商批发价格的可行域，本节采用同样的方法分析有信用保险情形下制造商批发价格的可行域。根据无信用保险情形下的分析，在有信用保险的情形下，由于零售商是资金约束的，即 $k_r \leqslant wq$，所以制造商的批发价格仍然满足 $w_1 \leqslant w \leqslant w_2$。此外，零售商的订货量水平是不高于整体供应链订货量水平的，即 $w\overline{F}(\tilde{x}(w)) \geqslant c[1 + (\lambda - 1) F(\vec{x}(w))] - w[F(\tilde{x}(w)) - F(\overline{x}(w))]$。令 w_4 为 $w\overline{F}(\tilde{x}(w)) = c[1 + (\lambda - 1) F(\vec{x}(w))] - w[F(\tilde{x}(w)) - F(\overline{x}(w))]$ 的解，可知 $w \geqslant w_4$。

引理 4 - 4 在有信用保险的供应链中，制造商批发价格 w 的可行域为 $[\underline{w}, \overline{w}]$，其中 $\underline{w} = \max[w_1, w_4]$，$\overline{w} = w_2$。

引理 4 - 4 阐述了在有信用保险的情形下制造商批发价格的可行域。制造商的批发价格不能设置得过高或过低，因为这两种情形下制造商的效用都比较低。命题 4 - 5 阐述了在有信用保险的情形下制造商的最优批发价格。

命题 4 - 5　在有信用保险的供应链中，制造商的最优批发价格 w_r^i 和投保额度 y_r^i 分别满足 $\overline{F}(\overline{x})[p\overline{F}(q_r^i) - pq_r^i f(q_r^i)] = [\overline{F}(\tilde{x}) - f(\tilde{x})w_r^i q_r^i/p][(\lambda - 1)F(\overline{x}) + 1]c$, $[(\lambda - 1)F(\overline{x}) + 1](1 - \alpha) = \overline{F}(\overline{x})$。

由命题 4 - 2 可知，在无信用保险的情形下，制造商的最优批发价格满足 $w_r^n\overline{F}(\tilde{x})[1 - q_r^n z(q_r^n)]/[1 - z(\tilde{x})w_r^n q_r^n/p] = [(\lambda - 1)F(\hat{x}) + 1]c$，表明零售商的边际成本 $w_r^n\overline{F}(\tilde{x})$ 与制造商的边际收益 $w_r^n\overline{F}(\tilde{x})[1 - q_r^n z(q_r^n)]/[1 - z(\tilde{x})w_r^n q_r^n/p]$ 之间存在边际损失。

根据命题 4 - 5 可知，在有信用保险的情形下，制造商的最优批发价格满足 $w_r^i\overline{F}(\overline{x})[1 - q_r^i z(q_r^i)]/[1 - z(\tilde{x})w_r^i q_r^i/p] = [(\lambda - 1)F(\overline{x}) + 1]c$。由于 $\overline{x} < \tilde{x}$，所以相对于无信用保险的情形，在有信用保险的情形下制造商的边际收益更高，同时零售商的边际成本 $w_r^i\overline{F}(\tilde{x})$ 和制造商的边际收益之间的边际损失更低。因此，可知制造商购买信用保险可以提高制造商的边际收益，进而降低零售商的边际成本和制造商的边际收益之间的边际损失。

4.4.3　整体供应链的订货量决策

前面两节主要探讨在有信用保险的情形下，供应链中零售商和制造商的运作决策。接下来主要分析在有信用保险的情形下，整体供应链的运作决策。将风险中性零售商的利润和风险厌恶制造商的效用加总，得到整体供应链的效用，如式（4 - 9）所示。

$$U_s^i(q) = pq - cq - \int_0^q p F(x)\,\mathrm{d}x - (\lambda - 1)\int_0^{\overline{x}} p F(x)\,\mathrm{d}x + \int_{\overline{x}}^{\tilde{x}} p F(x)\,\mathrm{d}x - \alpha y$$

$$(4 - 9)$$

命题 4 - 6　在有信用保险的供应链中，整体供应链的最优订货量水平 q_s^i 满足 $p\overline{F}(q_s^i) = c[1 + (\lambda - 1)F(\overline{x})] - w[F(\tilde{x}) - F(\overline{x})]$。

根据命题 4 – 6 可知，信用保险的引入会对整体供应链产生影响。具体而言，相对于命题 4 – 3 中无信用保险情形下整体供应链的边际成本 $c[1 + (\lambda - 1)F(\hat{x})]$，其中 $\hat{x} = (cq - k_r)/p$，在有信用保险的情形下整体供应链的边际成本会下降为 $c[1 + (\lambda - 1)F(\vec{x})] - w[F(\tilde{x}) - F(\bar{x})]$，其中 $\vec{x} = (cq + \alpha y - y - k_r)/p$。

4.5 信用保险的应用条件及其作用

前两节已经分析了无信用保险情形下和有信用保险情形下供应链及其参与者的运作决策。本节通过比较无信用保险和有信用保险这两种情形分析信用保险在资金约束供应链中的应用条件、作用以及对供应链参与者运营风险的影响。

4.5.1 不考虑保险商决策

定理 4 – 1 信用保险的应用可以提高整体供应链的订货量水平。

由命题 4 – 3 和命题 4 – 6 可知，相对于无信用保险的情形，在有信用保险的情形下，整体供应链的边际成本更低，即 $c[1 + (\lambda - 1)F(\vec{x})] - w[F(\tilde{x}) - F(\bar{x})] < c[1 + (\lambda - 1)F(\hat{x})]$，导致整体供应链的订货量水平更高，即 $q_s^i > q_s^n$。

定理 4 – 2 当不考虑保险商决策时，可知 $q_r^i > q_r^n$，$w_r^i < w_r^n$，$\tilde{x}(q_r^i) > \tilde{x}(q_r^n)$，$\pi_r^i(q_r^i) > \pi_r^n(q_r^n)$；当 $\alpha y_r^i - p \int_{\bar{x}}^{\tilde{x}} F(x) dx \leqslant (\lambda - 1)p \int_{\vec{x}}^{\hat{x}} F(x) dx$ 时，$U_o^i(q_r^i) \geqslant U_o^n(q_r^n)$。

从收益角度来看，当制造商的风险厌恶程度较高时，制造商会选择购买信用保险，此时制造商能获得更高的效用。信用保险的应用能促使零售商获得更大的利润。同时信用保险的应用也提高了零售商的订货量水平，这与有些学者的研究结论一致（Rienstra-Munnicha and Turvey，2002；Zammit et al.，

2009；Li et al.，2016）。此外，信用保险的应用使得资金约束的零售商获得更优惠的融资条件（即更便宜的批发价格）以及更大的贸易信贷额度。这些结论与有些学者的研究结论不同（Zammit et al.，2009；Li et al.，2016）。上述研究结论主要是以下原因导致的。在无信用保险的情形下，随着制造商风险厌恶程度的增加，制造商会通过提高批发价格来应对零售商的违约风险。但是，在有信用保险的情形下，零售商的违约风险会通过信用保险部分转移给保险商，促使制造商提高批发价格的幅度有所降低。因此，相对于无信用保险的情形，有信用保险情形下制造商的批发价格更低，零售商的订货量和贸易信贷额度更高，从而导致零售商的利润和制造商的效用更高。

但是，从风险角度来看，零售商较高的订货量会导致较高的违约风险和破产风险。换句话说，信用保险的应用将制造商承担的零售商违约风险转移给保险商，在一定程度上降低了制造商的资金损失风险，但会增加零售商的破产风险，从而降低零售商的存活率。此外，零售商的破产也会导致整个供应链链条的断裂。因此，零售商破产风险的增加会导致整体供应链运营风险的增加，进而导致整体供应链的不稳定性增加。

推论 4 - 3　在资金约束的供应链中，如果制造商是风险中性的且保险商的利润为正，此时制造商不会购买信用保险。

根据前文可知，保险商的利润为 $\alpha y - p\int_{\underline{x}}^{\tilde{x}} F(x)\,\mathrm{d}x$。对于追求利润最大化的企业而言，保险商在经营过程中会使企业自身的利润大于零。如果保险商通过信用保险获得正的利润，那么昂贵的保费成本将会阻止风险中性的制造商购买信用保险。此外，仅当保险商的利润为零时，制造商才可能购买信用保险。但是在这种情况下，对制造商而言，承担的保费成本始终等于信用保险给其带来的收益。因此当制造商为风险中性时，制造商不会购买信用保险。

4.5.2　考虑保险商决策

上一节主要讨论的是单层斯坦伯格博弈，其中制造商是领导者，零售商是跟随者。同时分析了在没有考虑保险商决策情形下信用保险的应用条件、作用以及对供应链参与者运营风险的影响。接下来研究考虑保险商决策情形下的双层斯坦伯格博弈，其中保险商作为领导者，制造商作为次级领导者，零售商作为跟随者。同时探讨在考虑保险商决策的情形下，上述研究结论是否仍然成立。

如 4.2 节所述，保险商从制造商那里获得的保费收入为 αy。当 $x \leqslant \tilde{x}$ 时，由于零售商的产品销量很低，零售商不能在销售期结束时付清制造商的全部剩余货款，此时零售商只会将销售期内实现的全部销售收入 px 支付给制造商。在这种情形下，保险商会赔偿制造商的货款损失 $\min[y, (wq - k_r - px)^+]$。因此，保险商的期望利润如式（4-10）所示。

$$\pi_i^i(\alpha) = \alpha y - \int_0^{\bar{x}} y f(x)\,\mathrm{d}x - \int_{\tilde{x}}^{\bar{x}} (wq - k_r - px)f(x)\,\mathrm{d}x \qquad (4-10)$$

通过简单的推导计算，保险商的期望利润函数可以转换为式（4-11）。

$$\pi_i^i(\alpha) = \alpha y - \int_{\tilde{x}}^{\bar{x}} pF(x)\,\mathrm{d}x \qquad (4-11)$$

命题 4-7 保险商的最优保险费率 α_r^i 满足 $y_r^i + [\alpha_r^i - F(\bar{x})]\dfrac{MY}{TY} + [F(\bar{x}) - F(\tilde{x})]\left[((w_r^i)^2 f(\tilde{x}) - p^2 f(q_r^i))\dfrac{MW}{TW}q_r^i - (p\overline{F}(\tilde{x}) - w_r^i q_s^i f(\tilde{x}))\dfrac{MQ}{TQ}w_r^i\right] = 0$，其中 MY、TY、MW、TW、MQ 和 TQ 的证明过程请见附录 B 命题 4-7 的证明。

不同于采用传统的精算方法来评估保险商的利润，本章主要从运营管理（Operations Management）的角度分析保险商的利润，并探讨保险商如何实现利润最大化。命题 4-7 描述了保险商在利润最大化情形下的最优保险费率。保险商作为双层斯坦伯格博弈的领导者，通过设置较高的保险费率获得较高的利润，但是高的保险费率可能会阻碍信用保险在商业贸易中的应用。

定理 4-3 信用保险的应用会提高整体供应链的订货量水平。

对整体供应链而言，与不考虑保险商决策的情形相同，在考虑保险商决策的情形下，信用保险也发挥了重要作用。这主要是由于相对于无信用保险的情形，在有信用保险的情形下，整体供应链的边际成本更低，即 $c[1 + (\lambda - 1)F(\hat{x}(q_s^n))] > c[1 + (\lambda - 1)F(\vec{x}(q_s^i))]$，导致整体供应链的订货量水平更高，即 $q_s^i > q_s^n$。

推论 4-4 当考虑保险商决策时，可知 $q_r^i > q_r^n$，$w_r^i < w_r^n$，$\tilde{x}(q_r^i) > \tilde{x}(q_r^n)$，$\pi_r^i(q_r^i) > \pi_r^n(q_r^n)$；当 $\alpha_r^i y_r^i - p\int_{\tilde{x}}^{\bar{x}} F(x)\,\mathrm{d}x \leqslant (\lambda - 1)p\int_{\tilde{x}}^{\tilde{x}} F(x)\,\mathrm{d}x$ 时，

$U_o^i(q_r^i) \geqslant U_o^n(q_r^n)$。

根据推论 4 - 4 可知，当考虑保险商的决策时，在保险商作为双层斯坦伯格博弈领导者的情形下，定理 4 - 2 的研究结论仍然成立。但是，相对于不考虑保险商决策的情形，在考虑保险商决策的情形下，保险商在双层斯坦伯格博弈中扮演着领导者的角色，因此保险商会设置一个较高的保险费率，导致信用保险被应用的可能性下降。

推论 4 - 5　在资金约束的供应链中，风险中性的制造商不会购买信用保险。

当考虑保险商的决策时，如果制造商是风险中性的，则制造商不会购买信用保险。这主要是双层斯坦伯格博弈中参与者的领导地位导致的。具体而言，当保险商作为双层斯坦伯格博弈的领导者时会设置一个较高的保险费率以获得较高的利润，导致风险中性的制造商（双层斯坦伯格博弈的次级领导者）承担较高的保费成本，使制造商承担的保费成本高于信用保险给制造商带来的收益。因此风险中性的制造商不会购买信用保险。

4.6　数值分析

本节通过数值算例分析资金约束零售商的初始资本、制造商的风险厌恶程度以及考虑保险商决策对供应链成员决策和绩效的影响。假设市场需求服从均值为 $\mu = 100$，方差为 $\sigma = 30^2$ 的正态分布。产品的单位零售价格为 $p = 2$；制造商的单位产品生产成本为 $c = 1.2$。

4.6.1　零售商的初始资本对供应链成员决策及绩效的影响

如图 4 - 3 和图 4 - 4 所示，在有信用保险的情形下，当零售商的初始资本较低时，零售商的订货量水平较高。这主要是以下原因导致的。一方面，对制造商而言，信用保险的应用将零售商的违约风险转移给保险商，导致制造商批发价格下降。另一方面，高额的保费成本导致制造商运营成本增加，使制造商批发价格增加。综合考虑这两个因素的相互作用，当零售商的初始资本较低时，制造商批发价格的下降效应将发挥主导作用。因此，当零售商初始资本水平较低时，零售商的订货量水平较高，同时制造商提供给零售商的贸易信贷额度以及制造商的投保额度也都处于较高水平，使制造商获得较高的效用。

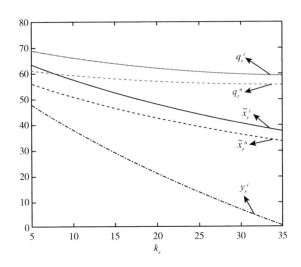

图 4 - 3　零售商的初始资本对零售商订货量和制造商投保额度的影响

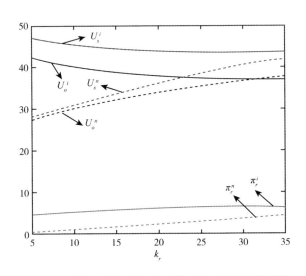

图 4 - 4　零售商的初始资本对供应链成员绩效的影响

另外，随着零售商初始资本的降低，零售商付清制造商全部剩余货款的可能性下降，增加了制造商购买信用保险的可能性。具体而言，当 $k_r = 32$ 时，在有信用保险和无信用保险两种情形下制造商的效用都是相同的，即 $U_o^i - U_o^n = 0$；当 $k_r = 5$ 时，相对于无信用保险的情形，有信用保险情形下制造商的效用更高，即 $U_o^i - U_o^n = 16$。此外，对于零售商而言，信用保险的应用不仅可以增加零售商的订货量，而且还可以提高零售商的利润。但信用保险的应用也会增加零售商的破产风险。这些结果与定理 4 - 2 的研究结论一致。以零售商的初始资本 $k_r = 5$ 为例，在有信用保险的情形下，零售商的订货量、破产临界点以及利润分别为 $q_r^i = 69$、$\tilde{x}_r^i = 64$、$\pi_r^i = 5$，制造商的效用为 $U_o^i = 43$。在无信用保险的情形下，零售商的订货量、破产临界点以及利润分别为 $q_r^n = 61$、$\tilde{x}_r^n = 56$、$\pi_r^n = 1$，制造商的效用为 $U_o^n = 28$。

4.6.2　制造商的风险厌恶程度对供应链成员决策及绩效的影响

如图 4 - 5 和图 4 - 6 所示，在有信用保险和无信用保险两种情形下，随着制造商风险厌恶程度的增加，制造商都会设置一个更高的批发价格应对零售商的违约风险，导致零售商的订货量降低，进而使制造商的效用和零售商的利润下降。随着零售商订货量的下降，零售商的破产风险也随之下降。

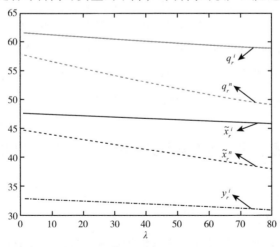

图 4 - 5　制造商的风险厌恶程度对零售商订货量和制造商投保额度的影响

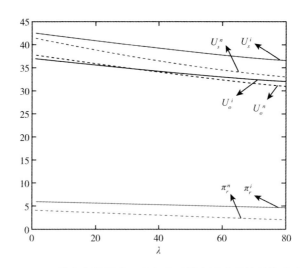

图 4 - 6　制造商的风险厌恶程度对供应链成员绩效的影响

对于制造商而言，随着制造商风险厌恶程度的增加，制造商购买信用保险的可能性也会增加。当 $\lambda = 30$ 时，在有信用保险和无信用保险两种情形下，制造商的效用都是相同的，即 $U_o^i - U_o^n = 0$；当 $\lambda = 80$ 时，相对于无信用保险情形，在有信用保险情形下制造商的效用更高，即 $U_o^i - U_o^n = 2$。信用保险的应用增加了零售商的订货量，提高了零售商从制造商那里获得的贸易信贷额度，增加了零售商的利润。但是，随着零售商订货量的增加，零售商的破产风险也会增加。这些结果与定理 4 - 2 的研究结论一致。以制造商的风险厌恶程度 $\lambda = 80$ 时为例，在有信用保险的情形下，零售商的订货量、破产临界点以及利润分别为 $q_r^i = 58$、$\tilde{x}_r^i = 46$、$\pi_r^i = 4.5$，制造商的效用为 $U_o^i = 32.5$。在无信用保险的情形下，零售商的订货量、破产临界点以及利润分别为 $q_r^n = 49$、$\tilde{x}_r^n = 38$、$\pi_r^n = 2.5$，制造商的效用为 $U_o^n = 32$。

4.6.3　考虑保险商决策对供应链成员决策及绩效的影响

如图 4 - 7 和图 4 - 8 所示，在考虑保险商决策的情形下，当保险商作为双层斯坦伯格博弈的领导者时，当 $k_r \geqslant 10$ 时，制造商不会选择购买信用保险；当 $5 < k_r < 10$ 时，制造商会选择购买信用保险。此外，在有信用保险的情形下，当 $k_r = 5$ 时，零售商的订货量、破产临界点以及利润分别为 $q_r^i = 64$、

$\tilde{x}_r^i = 58$、$\pi_r^i = 3$，制造商的效用为 $U_o^i = 28.5$。在无信用保险的情形下，当 $k_r = 5$ 时，零售商的订货量、破产临界点以及利润分别为 $q_r^n = 61$、$\tilde{x}_r^n = 56$、$\pi_r^n = 1$，制造商的效用为 $U_o^n = 28$。由此可知，信用保险的应用会提高零售商的订货量和零售商的贸易信贷额度，从而提高零售商的利润和制造商的效用，但也会增加零售商的破产风险。

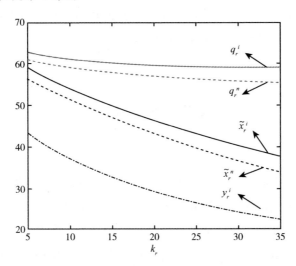

图 4 - 7　考虑保险商决策对零售商订货量和制造商投保额度的影响

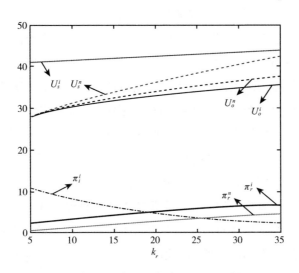

图 4 - 8　考虑保险商决策对供应链成员绩效的影响

如图 4-4 所示，在不考虑保险商决策的情形下，制造商只有在零售商的初始资本为 $5 < k_r < 32$ 时才会选择购买信用保险。相对于不考虑保险商决策的情形，在考虑保险商决策的情形下，制造商购买信用保险的可能性大大降低，这主要是斯坦伯格博弈中参与者的领导地位导致的。由于斯坦伯格博弈通常会使领导者受益（Chen et al.，2018），所以保险商作为双层斯坦伯格博弈的领导者会设置一个较高的保险费率以获得较高的利润。因此，高额的保费成本降低了制造商购买信用保险的可能性。

4.7 本章小结

本章考虑了当制造商独自购买信用保险时，制造商的最优投保额度问题。同时探讨了在考虑保险商决策和不考虑保险商决策的情形下，信用保险的应用条件、作用以及对供应链参与者运营风险的影响。本章首先研究了在不考虑保险商决策的情形下，由一个零售商和一个制造商构成的单层斯坦伯格博弈，同时分析了零售商的订货量决策以及制造商的批发价格决策和投保额度决策。接下来分析了在考虑保险商决策的情形下，由一个零售商、一个制造商和一个保险商构成的双层斯坦伯格博弈，同时探讨了零售商的订货量决策、制造商的批发价格决策和投保额度决策以及保险商的保险费率决策。

在不考虑保险商决策的情形下，当制造商的风险厌恶程度较高或零售商的初始资本较低时，制造商会选择购买信用保险，此时制造商能获得更高的产品销量和效用。信用保险的应用促使零售商获得更便宜的融资条件（即更低的批发价格）、更高的贸易信贷额度以及更高的订货量，从而促使零售商获得更高的利润。但是，信用保险的应用也会导致零售商破产风险的增加，使整体供应链运营风险增加。在考虑保险商决策的情形下，当保险商作为双层斯坦伯格博弈的领导者时，信用保险对供应链成员绩效的影响与不考虑保险商决策的情形基本相同。然而，相对于不考虑保险商决策的情形，在考虑保险商决策的情形下，保险商高额的保险费率会降低制造商购买信用保险的可能性。这表明为了提高保险产品的销量、扩大保险产品的市场份额以及提高保险企业的竞争力，保险公司可以适当降低保险费率。

在有信用保险的情形下，随着制造商风险厌恶程度的增加，其批发价格将会增加，进而导致零售商的订货量和制造商的投保额度下降，使制造商的效用和零售商的利润下降。零售商订货量的下降也会导致零售商破产风险下降。随着制造商风险厌恶程度的增加，制造商购买信用保险的可能性也会增加。

此外，在有信用保险的情形下，随着资金约束零售商初始资本的降低，零售商的订货量将会增加，同时制造商提供给零售商的贸易信贷额度以及制造商的投保额度都会增加，进而导致制造商的效用增加。零售商订货量的增加也会导致其破产风险的增加。零售商更低的初始资本促使零售商和制造商获得更好的绩效。这表明资金约束的零售商为了获得更大的订货量和利润，往往会积极采取贸易信贷融资；同时制造商为了获得更大的产品销量和效用也会积极向资金约束的零售商提供贸易信贷融资。

第 5 章

两个零售商竞争情形下
制造商的投保策略

如第 4 章所述，当制造商的风险厌恶程度较高或资金约束零售商的初始资本较低时，制造商会选择购买信用保险。此时，信用保险的应用会提高零售商的订货量以及改善供应链中每个参与者的绩效。但信用保险的应用也会增加零售商的破产风险，导致整体供应链运营风险的增加。随着制造商风险厌恶程度的增加，零售商的订货量将会下降，制造商的投保额度也会随之下降。随着零售商初始资本的降低，零售商的订货量将会增加，制造商的投保额度也会随之上升。本章将对当零售市场中存在两个相互竞争的零售商时，信用保险的应用条件和作用以及制造商的投保额度产生的变化进行详细的回答。

5.1 引　　言

在现代商业环境下，对于中小企业而言，延期付款是一种常见的商业信用形式。当下游中小企业（零售商）面临资金短缺时，由于上游制造商对下游零售商的信用风险有一定的了解，为了实现企业自身的发展以及维持好上下游企业间的战略合作关系，上游制造商通常允许下游零售商延期支付部分货款，待下游零售商的商品卖完后再支付剩余货款。这种上游企业向下游企业提供的延期付款政策就是贸易信贷融资。在金融市场和法律制度不完善的发展中国家，贸易信贷融资显得尤为重要（Petersen and Rajan，1997；Fisman and Love，2003；Jacobson and Von Schedvin，2015）。例如，在中国和印度，贸易信贷融资可能是中小企业唯一的融资来源（Wu et al.，2019）。在一些发达国家，贸易信贷融资是大多数企业的重要融资渠道（Demica，2007，2009）。例如，美国的惠普、IBM 和日本的索尼等大公司都会为零售商提供延期付款政策（Zhou and Groenevelt，2008）。通过贸易信贷融资，下游零售商可以减少企业经营所需的资金投入，同时制造商可以与零售商保持长期的合作关系，提高整体供应链的竞争力。然而，提供贸易信贷融资的制造商可能会面临下游零售商的违约风险。也就是说，下游零售商可能会出现延迟付款或完全不付款的行为。下游零售商的这种违约行为会给制造商造成严重的财务困难。尤其对小企业的制造商来说，上游企业的违约行为可能会导致他们直接破产。

为了保护自己免受此类负面事件的影响，贸易信贷的提供方（制造商）通常会购买信用保险。在买方违约时，制造商会要求保险商赔偿因买方违约而造成的资金损失。信用保险最早在欧洲流行，现已在全球范围内得到广泛应用。例如，裕和安宜（Euler Hermes）等专业信用保险公司、瑞士再保险公司（Swiss Re）和美国国际集团（AIG）等一般保险公司以及国家进出口银行等都会向企业提供信用保险业务（Jones，2010）。国际信用保险和担保协会报告显示，截至 2016 年，信用保险覆盖了全球超过 2.3 万亿欧元的风险敞口。在中国，信用保险也受众多中小企业的广泛欢迎。以中国河北的一家生产出口企业为例，2014 年 8 月，河北省光伏生产出口企业 A 企业出口了 4 批太阳能电池板给德国 B 企业，金额为 36.6 万欧元。A 企业和 B 企业约定采用延期付款方式结算。2014 年 12 月 8 日，A 企业收到了 B 企业的破产通知，无法收回 B 企业的货款。由于前期 A 企业购买了信用保险，在得知 B 企业破产后，A 企业向中国信保提出索赔，并获得了全额赔偿。[①]

在有关信用保险的研究中，大部分文献主要分析信用保险在一对一供应链中的应用条件和作用（Funatsu，1986；Ford et al.，1996；Rienstra - Munnicha and Turvey，2002；Zammit et al.，2009），很少有学者考虑企业竞争情

---

① http：//www. sinosure. com. cn/xwzx/xbsa/2018/03/186250. shtml.

形下信用保险的应用条件和作用。然而，在现实的商业贸易中，零售商之间的竞争是一种很常见的情况。例如，某品牌的牛奶会在同一小区内的多家超市进行销售，如果牛奶在顾客首选的超市里没有存货，顾客可能会去其他超市购买。此外，这些相互竞争的零售商在很多方面的实力往往是不对称的，例如市场地位、渠道控制权（Geylani et al.，2007）和营运资本等（Fudenberg and Tirole，1986；Giannetti et al.，2011；Yang et al.，2015）。在现实的商业贸易中，零售商的市场地位和初始资本不仅会影响其自身的决策和绩效，还会影响其竞争对手和上游企业的决策和绩效，这在理论上也得到了证明。例如，有些学者通过实证研究表明市场力量较强的买方企业可以从上游企业获得更大的付款折扣（Giannetti et al.，2011）。鉴于此，探讨在两个零售商相互竞争的情形下信用保险的应用条件和作用以及制造商的最优投保额度具有重要的现实意义。

本章研究的是由一个资金约束的弱势零售商、一个资金充裕的强势零售商以及一个资金充裕的制造商构成的供应链。制造商作为斯坦伯格博弈的领导者，决定提供给弱势零售商的批发价格和投保额度；两个零售商作为跟随者，决定各自的订货量。本章主要研究当零售市场中存在两个相互竞争的零售商时，制造商独自购买信用保险时的最优投保额度。同时探讨两个零售商之间的竞争会对信用保险的应用条件和作用产生何种影响。

本章主要贡献如下：（1）分别得到有信用保险情形下和无信用保险情形下，弱势零售商、强势零售商以及制造商的运作决策；（2）探讨了在有两个相互竞争的零售商的供应链中，信用保险的应用条件和作用，分析了零售商之间的竞争对信用保险的应用条件和作用的影响；（3）讨论了资金约束的弱势零售商的初始资本、风险厌恶制造商的风险厌恶程度以及两个零售商之间的需求转移率对供应链成员的决策和绩效的影响。

5.2　模型描述

本章考虑由一个资金充裕的制造商和两个资金不对称且相互竞争的零售

商构成的供应链，如图 5 - 1 所示。其中一个资金充裕的强势零售商在零售市场中占据主导地位，另一个资金约束的弱势零售商在零售市场中处于弱势地位。弱势零售商和强势零售商都向制造商订购相同的产品进行销售，他们的订货量分别为 q_w 和 q_d。制造商提供给弱势零售商的批发价格为 w_w。在销售期开始时，由于弱势零售商是资金约束的，只能用初始资本 k_w 支付制造商的部分货款，剩余货款 $w_w q_w - k_w$ 在销售期结束时才能支付；而资金充裕的制造商会将所有货款一次性付给制造商，并从制造商处获得一个较低的批发价格 w_d，即 $w_d < w_w$。

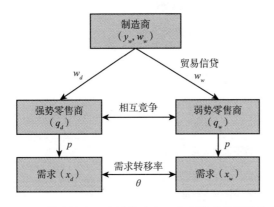

图 5 - 1　供应链中两个零售商和一个制造商的结构构成

　　在销售期内，弱势零售商和强势零售商都会以同样的零售价格 p 向消费者出售产品。当零售市场中存在两个相互竞争的零售商时，消费者在选择零售商时往往都有自己的偏好。消费者对某个零售商的最初偏好为该零售商所获得的基本市场需求。两个零售商所获得的基本市场需求分别用随机变量 x_d 和 x_w 表示，下标 d 代表强势零售商，w 代表弱势零售商。当消费者偏好的零售商的产品全部售空时，消费者未被满足的需求会部分转移给另一个零售商，其需求转移率为 θ（$0 < \theta < 1$），这里将此称为转移需求（Netessine and Rudi，2003；Wu et al.，2019）。本章为了研究信用保险在两个相互竞争零售商的供应链中的应用条件和作用，假设弱势零售商和强势零售商之间的需求转移率 θ 相同，即 $\theta_{dw} = \theta_{wd} = \theta$。在销售期结束时，如果弱势零售商的全部需求（包括基本需求和转移需求）小于弱势零售商的破产临界点，则弱势零售商面临破产。此时，弱势零售商只会将销售期内

实现的全部销售收入 $px_w + p\theta(x_d - q_d)^+$ 支付给制造商。图 5-2 详细描述了强势零售商和弱势零售商的各种需求区域。表 5-1 总结了本章研究中所用到的符号的含义。

表 5-1 符号含义

符号	符号含义
p	单位产品的零售价格
w_w	弱势零售商单位产品的批发价格
w_d	强势零售商单位产品的批发价格
c	制造商单位产品的生产成本
θ	需求转移率
α	保险商的保险费率
k_w	弱势零售商的初始资本
x_w	弱势零售商的基本需求
x_d	强势零售商的基本需求
y_w	制造商的投保额度
q_w	弱势零售商的订货量
q_d	强势零售商的订货量
q_s	整体供应链的订货量水平
π_w^i	弱势零售商在有信用保险情形下的期望利润
π_w^n	弱势零售商在无信用保险情形下的期望利润
π_d^i	强势零售商在有信用保险情形下的期望利润
π_d^n	强势零售商在无信用保险情形下的期望利润
U_t^i	制造商在有信用保险情形下的期望效用
U_t^n	制造商在无信用保险情形下的期望效用
U_s^i	在有信用保险情形下整体供应链的效用
U_s^n	在无信用保险情形下整体供应链的效用

如果强势零售商的基本需求低于订货量水平，即 $x_d < q_d$，则弱势零售商不会从强势零售商那里获得转移需求。在这种情形下，分为以下几个区域进行分析（如图 5-2 所示）。

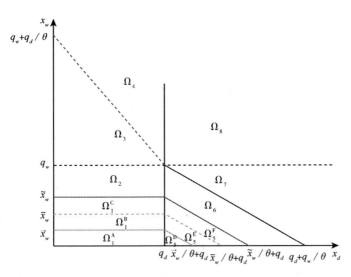

图 5 – 2　有信用保险情形下两个相互竞争零售商的需求区域

Ω_1^A：弱势零售商因市场需求低迷而破产。制造商无法从保险商那里获得全额的损失赔偿，同时制造商的利润为负值。

Ω_1^B：弱势零售商由于市场需求低迷而破产。虽然制造商无法从保险商那里获得全额的损失赔偿，但制造商的利润为正值。

Ω_1^C：弱势零售商由于市场需求低迷而破产。制造商可以从保险商那里获得全额的损失赔偿。

Ω_2：弱势零售商的销售收入高于应支付给制造商的全部剩余货款，但弱势零售商并不能将自己所有的产品售空。

Ω_3：弱势零售商的基本需求大于其订货量水平，此时弱势零售商能将自己所有的产品售空。同时强势零售商能从弱势零售商那里获得一部分转移需求，但强势零售商仍然无法将所有产品售空。

Ω_4：弱势零售商的销售情况很好，能将所有产品售空。同时弱势零售商还有一部分需求转移给强势零售商，导致强势零售商也能将所有产品售空。

如果强势零售商的基本需求高于其订货量水平，即 $x_d > q_d$，则弱势零售商能从强势制造商那里获得一部分转移需求。在这种情形下，可以分为以下几个区域进行分析。

Ω_5^D：由于弱势零售商的基本需求和转移需求都很低，弱势零售商面临破产。制造商由于自身投保额度较低，无法获得保险商的全额赔偿。此时，制造商的利润为负值。

Ω_5^E：由于弱势零售商的基本需求和转移需求都比较低，弱势零售商面临破产。制造商虽然无法从保险商那里获得全部的损失赔偿，但此时仍然能获得正的利润。

Ω_5^F：弱势零售商由于基本需求和转移需求都比较低而被迫破产。同时制造商能从保险商那里获得全额的损失赔偿。

Ω_6：弱势零售商销售情况良好，其基本需求和转移需求产生的销售收入可以付清制造商的全部剩余货款。但是，弱势零售商并不能将所有产品售空。

Ω_7：虽然弱势零售商的基本需求低于其订货量水平，但是由于转移需求的存在，弱势零售商能将所有产品售空。

Ω_8：强势零售商和弱势零售商各自的基本需求都高于订货量水平，都能将各自的产品售空。

假设 $\Omega_1 = \Omega_1^A + \Omega_1^B + \Omega_1^C$，$\Omega_5 = \Omega_5^D + \Omega_5^E + \Omega_5^F$，$\Omega_{12} = \Omega_1 + \Omega_2$，$\Omega_{123} = \Omega_1 + \Omega_2 + \Omega_3$。对于弱势零售商而言，其破产区域为 Ω_1 和 Ω_5。在不考虑强势零售商转移需求的情形下，弱势零售商的破产临界点为 $\tilde{x}_w = (w_w q_w - k_w)/p$；在考虑强势零售商的转移需求的情形下，弱势零售商的破产临界点为 $\hat{x}_w = (w_w q_w - k_w + \theta(x_d - q_d)^+)/p$。如图 5-2 所示，其中 $\bar{x}_w = (w_w q_w - k_w - y_w)/p$，$\vec{x}_w = (\alpha q_w + \alpha y_w - y_w - k_w)/p$。

5.3 基本模型：无信用保险

与有信用保险情形下需求区域的分析类似，在没有信用保险的情形下，图 5-2 中的 Ω_1^B 和 Ω_1^C 会合二为一，Ω_5^E 和 Ω_5^F 也会合二为一，其他需求区域没有任何变化。为了和有信用保险的情形区分开，在没有信用保险的情形下，本章用 Ω_1^b 表示原来有信用保险情形下的 Ω_1^B 和 Ω_1^C 区域；Ω_5^e 表示原来有信用保险情形下的 Ω_5^E 和 Ω_5^F 区域；Ω_1^a 表示原来有信用保险情形下的 Ω_1^A 区域；Ω_1^d 表示原来有信用保险情形下的 Ω_1^D 区域；其他需求区域不变，具体如图 5-3 所示。本章相关的命题、推论的证明见附录 C。

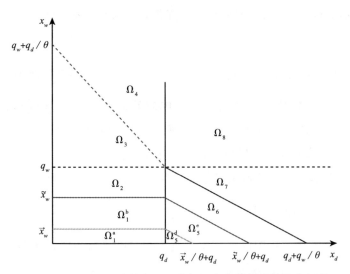

图 5 - 3　无信用保险情形下两个相互竞争零售商的需求区域

5.3.1　强势零售商和弱势零售商的订货量决策

在无信用保险的情形下，在销售期开始时，资金约束的弱势零售商用自身所有的初始资本 k_w 向制造商支付部分货款，在销售期结束时，弱势零售商向制造商支付剩余货款 $w_w q_w - k_w$。当弱势零售商的市场需求很低时，弱势零售商无法付清制造商的全部剩余货款，此时只会将销售期内实现的全部销售收入 $px_w + p\theta(x_d - q_d)^+$ 支付给制造商。根据图 5 - 3 可得强势零售商的期望利润，如式（5 - 1）所示。

$$\pi_d^n(q_d) = Pr(\Omega_{12}) E[px_d - w_d q_d \mid \Omega_{12}] + Pr(\Omega_{45678}) E[pq_d - w_d q_d \mid \Omega_{45678}]$$
$$+ Pr(\Omega_3) E[px_d + \theta p(x_w - q_w) - w_d q_d \mid \Omega_3] \tag{5 - 1}$$

根据图 5 - 3，可得弱势零售商的期望利润，如式（5 - 2）所示。

$$\pi_w^n(q_w) = Pr(\Omega_2) E[px_w - w_w q_w \mid \Omega_2] + Pr(\Omega_{3478}) E[pq_w - w_w q_w \mid \Omega_{3478}]$$
$$+ Pr(\Omega_6) E[px_w + \theta p(x_d - q_d) - w_w q_w \mid \Omega_6]$$
$$- Pr(\Omega_{15}) E[k_w \mid \Omega_{15}] \tag{5 - 2}$$

命题 5 - 1　给定制造商的批发价格 w_w，强势零售商的订货量 q_d^n 满足

$p(1 - Pr(\Omega_{123})) = w_d$；弱势零售商的订货量 q_w^n 满足 $pPr(\Omega_{3478}) = w_w(1 - Pr(\Omega_{15}))$。

其中，$Pr(\Omega_{123}) = \int_0^{q_d^n} \mathrm{d}x_d \int_0^{q_w^n + (q_d^n - x_d)/\theta} f(x_d, x_w) \mathrm{d}x_w$。当零售市场中只存在一个无资金约束的强势零售商时，该零售商的订货量满足 $p\overline{F}(q_d) = w_d$。命题 5-1 表明弱势零售商的存在会对强势零售商产生一部分转移需求，即 $\theta(x_w - q_w)^+$，从而增加强势零售商的边际收益。

此外，在有两个零售商的情形下，弱势零售商的破产概率为 $Pr(\Omega_{15}) = \int_0^{\tilde{x}_w} \mathrm{d}x_w \int_0^{q_d^n} f(x_d, x_w) \mathrm{d}x_d + \int_0^{\tilde{x}_w + \theta(q_d^n - x_d)} \mathrm{d}x_w \int_{q_d^n}^{q_d^n + (w_w q_w^n - k_r/(\theta p))} f(x_d, x_w) \mathrm{d}x_d$。正如 4.3 节中提到的，当零售市场中仅存在一个资金约束的零售商时，零售商的破产概率为 $\int_0^{\tilde{x}} f(x) \mathrm{d}x$。由于强势零售商未满足的需求会部分转移给弱势零售商，因此弱势零售商的破产概率可能下降。

5.3.2 制造商的批发价格决策

在没有信用保险的情形下，弱势零售商在销售期开始时仅支付部分货款 k_w 给制造商，在销售期结束时再根据自身的销售收入情况将剩余货款支付给制造商。如果弱势零售商的销售情况很好，会在销售期结束时付清制造商的所有货款；如果弱势零售商的销售情况很差，无法付清制造商的全部剩余货款，只会将销售期内实现的全部销售收入支付给制造商。在这种情况下，制造商会面临货款损失风险。此时，制造商从弱势零售商那里获得的效用如式（5-3）所示。

$$V_w^n = \begin{cases} w_w q_w - c q_w & d \neq \Omega_{15}^{\mathrm{abde}} \\ p x_w + \theta p(x_d - q_d) + k_w - c q_w & d \in \Omega_5^{\mathrm{e}} \\ p x_w + k_w - c q_w & d \in \Omega_1^{\mathrm{b}} \\ \lambda[p x_w + \theta p(x_d - q_d) + k_w - c q_w] & d \in \Omega_5^{\mathrm{d}} \\ \lambda[p x_w + k_w - c q_w] & d \in \Omega_1^{\mathrm{a}} \end{cases} \quad (5-3)$$

经过简单的推导计算，可得制造商从弱势零售商那里获得的期望效用，如式（5-4）所示。

$$E[V_w^n] = w_w q_w - cq_w + Pr(\Omega_1^a) E[(\lambda-1)(px_w+k_w-cq_w)\mid\Omega_1^a]$$
$$+ Pr(\Omega_1^{ab}) E[px_w+k_w\mid\Omega_1^{ab}] - Pr(\Omega_{15}^{abde}) E[w_w q_w\mid\Omega_{15}^{abde}]$$
$$+ Pr(\Omega_5^d) E[(\lambda-1)(px_w+\theta p(x_d-q_d)+k_w-cq_w)\mid\Omega_5^d]$$
$$+ Pr(\Omega_5^{de}) E[px_w+\theta p(x_d-q_d)+k_w\mid\Omega_5^{de}] \qquad (5-4)$$

因此，制造商的期望总效用可以用式（5-5）表示。

$$U_t^n = w_d q_d + E[V_w^n] - cq_d \qquad (5-5)$$

命题 5-2 给定两个零售商的最优订货量，制造商提供给弱势零售商的最优批发价格 w_w^n 满足 $w_w^n = \arg\max(w_d q_d^n + E[V_w^n] - cq_d^n)$，其中 $w_d \leqslant w_w^n \leqslant p$。最优的批发价格 w_w^n 取边界值或由库文塔克条件（Kuhn-Tucker Condition）决定。

制造商从强势零售商那里获得的单位产品利润为 $w_d - c$。此外，制造商提供给弱势零售商的单位产品批发价格为 w_w^n，且 $w_w^n > w_d$。虽然制造商提供给弱势零售商的批发价格更高，但由于弱势零售商可能发生违约行为，制造商获得的单位产品利润是小于 $w_w^n - c$ 的。考虑到企业的单位资金收益率最后会趋于一致，因此可知制造商从强势零售商和弱势零售商处获得的单位产品利润可能趋于一致。

5.4 考虑信用保险下供应链决策分析

5.4.1 强势零售商和弱势零售商的订货量决策

与无信用保险的情形类似，在有信用保险的情况下，强势零售商在销售期开始时会将所有货款全部支付给制造商。弱势零售商在销售期开始时只会支付部分货款 k_w 给制造商。在销售期结束时，如果弱势零售商的销售情况较好，会将剩余货款 $w_w q_w - k_w$ 全部支付给制造商；否则，弱势零售商只会将销售期内实现的全部销售收入支付给制造商。此时，根据图 5-2，可知强势零售商的期望利润，如式（5-6）所示。

$$\pi_d^i(q_d) = Pr(\Omega_{12})E[px_d - w_dq_d \mid \Omega_{12}] + Pr(\Omega_{45678})E[pq_d - w_dq_d \mid \Omega_{45678}]$$
$$+ Pr(\Omega_3)E[px_d + \theta p(x_w - q_w) - w_dq_d \mid \Omega_3] \qquad (5-6)$$

弱势零售商的期望利润如式（5-7）所示。

$$\pi_w^i(q_w) = Pr(\Omega_2)E[px_w - w_wq_w \mid \Omega_2] + Pr(\Omega_{3478})E[pq_w - w_wq_w \mid \Omega_{3478}]$$
$$+ Pr(\Omega_6)E[px_w + \theta p(x_d - q_d) - w_wq_w \mid \Omega_6]$$
$$- Pr(\Omega_{15})E[k_w \mid \Omega_{15}] \qquad (5-7)$$

命题 5-3 给定制造商的批发价格 w_w 和投保额度 y_w，强势零售商的订货量 q_d^i 满足 $p(1 - Pr(\Omega_{123})) = w_d$；弱势零售商的订货量 q_w^i 满足 $pPr(\Omega_{3478}) = w_w(1 - Pr(\Omega_{15}))$。

其中，$Pr(\Omega_{123}) = \int_0^{q_d^i} dx_d \int_0^{q_w^i + (q_d^i - x_d)/\theta} f(x_d, x_w) dx_w$。根据命题 5-3 可知，在给定弱势零售商批发价格 w_w 的情况下，制造商的投保额度不会对弱势零售商的订货量和利润产生直接影响，但是制造商的投保额度会通过批发价格间接影响弱势零售商的订货量和利润。

推论 5-1 给定批发价格 w_w 和投保额度 y_w：（1）弱势零售商的破产概率 $Pr(\Omega_{15})$ 是弱势零售商订货量 q_d^i 和强势零售商订货量 q_w^i 的增函数；（2）弱势零售商的破产概率 $Pr(\Omega_{15})$ 是弱势零售商的初始资本 k_w 和需求转移率 θ 的减函数。

根据推论 5-1 可知，随着弱势零售商订货量的增加，弱势零售商的破产风险也会随之增加。此外，随着强势零售商订货量的增加，强势零售商转移给弱势零售商的需求将会减少，导致弱势零售商破产风险增加。

此外，弱势零售商较低的初始资本将导致弱势零售商较高的破产概率。这个结论与零售市场中只存在一个资金约束的弱势零售商的结论相同。随着两个零售商之间需求转移率的增加，强势零售商未满足的需求会在更大程度上转移给弱势零售商，导致弱势零售商的破产风险降低。为了提高企业自身的存活率，弱势零售商更偏爱高的需求转移率而不是低的订货量水平，这是因为高的需求转移率可以提高企业自身的产品销售收入，但低的订货量水平会降低企业自身的销售收入。

推论 5 – 2　强势零售商的订货量 q_d^i 是弱势零售商订货量 q_w^i 的减函数；弱势零售商的订货量 q_w^i 也是强势零售商订货量 q_d^i 的减函数，即 $-1 < \dfrac{\partial q_d^i}{\partial q_w^i} < 0$，$-1 < \dfrac{\partial q_w^i}{\partial q_d^i} < 0$。

推论 5 – 2 表明，在两个零售商相互竞争的情形下，一个零售商订货量的增加将导致另一个零售商订货量的下降。在极端情况下，强势零售商和弱势零售商两者中的一个不向制造商订购任何产品时，另一个零售商的订货量将达到最大（在本章中，该零售商将会服务于两个零售市场）。

此外，在考虑需求转移的情形下，由于交通成本等因素的存在，一个零售市场中未被满足的需求只会部分转移到另一个零售市场。因此，当一个零售商订货量水平减少一个单位时，另一个零售商订货量水平的增加额不会超过一个单位，即 $-1 < \dfrac{\partial q_d^i}{\partial q_w^i} < 0$，$-1 < \dfrac{\partial q_w^i}{\partial q_d^i} < 0$。

推论 5 – 3　$\dfrac{\partial q_d^i}{\partial q_w^i}$ 和弱势零售商的初始资本无关，但 $\dfrac{\partial q_w^i}{\partial q_d^i}$ 会受弱势零售商初始资本的影响。

推论 5 – 3 表明，弱势零售商每降低一单位的订货量，强势零售商订货量的增加量与弱势零售商的初始资本无关。但是，强势零售商每降低一单位的订货量，弱势零售商订货量的增加量与弱势零售商的初始资本有关。这主要是由于弱势零售商的初始资本水平会直接影响弱势零售商的订货量水平，因此当强势零售商订货量降低时，弱势零售商订货量的变化还是会受弱势零售商初始资本的影响。

推论 5 – 4　给定弱势零售商的批发价格 w_w 和需求转移率 θ，与两个零售商都是资金充足的情形（上标 si 表示）相比，在有资金约束且有贸易信贷的条件下，弱势零售商的订货量更高，强势零售商的订货量更低，弱势零售商和强势零售商整体订货量更高，即 $q_d^{si} \geqslant q_d^i$，$q_w^{si} \leqslant q_w^i$，$q_d^{si} + q_w^{si} \leqslant q_d^i + q_w^i$，$q_d^{si}/(q_d^{si} + q_w^{si}) > q_d^i/(q_d^i + q_w^i)$，$q_w^{si}/(q_d^{si} + q_w^{si}) < q_w^i/(q_d^i + q_w^i)$。

在有信用保险的情形下，弱势零售商的违约行为给制造商带来的潜在资金损失风险会通过信用保险转移给保险商。在这种情形下，因为制造商提供给弱势零售商的单位产品价格高于提供给强势零售商的单位产品价格（即

$w_w \ge w_d$），所以理性的制造商更倾向于向弱势零售商而非强势零售商出售更多的产品。此外，由于贸易信贷鼓励弱势零售商订购更多的产品，所以占主导地位的强势零售商将会降低自身的订货量。这表明制造商向弱势零售商提供的贸易信贷可以降低强势零售商的议价能力，在一定程度上促使制造商积极地向弱势零售商提供贸易信贷。事实上，正如有些学者在实证研究中所述（Fabbri and Klapper，2016），供应商通常会向其下游买家提供贸易信贷。

因此，相对于无资金约束的情形，在有资金约束且有贸易信贷的情形下，强势零售商的订货量更低，弱势零售商的订货量更高。强势零售商订货量的降低也会导致其市场份额的降低，削弱其在零售市场的竞争力。强势零售商市场份额的降低会导致弱势零售商市场份额的增加，提高弱势零售商的市场竞争力。对弱势零售商而言，贸易信贷融资带来的订货量和市场竞争力的增加将促使弱势零售商积极采用贸易信贷融资。从这个方面来说，弱势零售商可以将贸易信贷作为和强势零售商竞争的一种战略工具，这也为有些学者通过实证研究表明的市场力量较弱的企业可以采用贸易信贷作为企业的竞争工具提供了理论依据（Lee et al.，2018）。此外，对制造商来说，向弱势零售商提供贸易信贷融资可以提高自身产品的总体销量，促使制造商积极地向弱势零售商提供贸易信贷融资。

5.4.2 制造商的批发价格决策及投保额度决策

为了应对弱势零售商的潜在违约风险，制造商从保险商那里购买信用保险以避免弱势零售商的违约行为给自身造成的资金损失。当弱势零售商在销售期结束时，如果不能付清制造商的全部货款，保险商会赔偿制造商的货款损失 $\min(w_w q_w - k_w, y_w)$。因此，制造商通过和弱势零售商交易获得的效用满足式（5-8）。

$$V_w^i = \begin{cases} w_w q_w - cq_w - \alpha y_w & D \ne \Omega_{15}^{\text{ABDE}} \\ px_w + \theta p(x_d - q_d) + y_w + k_w - cq_w - \alpha y_w & D \in \Omega_5^{\text{E}} \\ px_w + y_w + k_w - cq_w - \alpha y_w & D \in \Omega_1^{\text{B}} \\ \lambda[px_w + \theta p(x_d - q_d) + y_w + k_w - cq_w - \alpha y_w] & D \in \Omega_5^{\text{D}} \\ \lambda[px_w + y_w + k_w - cq_w - \alpha y_w] & D \in \Omega_1^{\text{A}} \end{cases} \quad (5-8)$$

经过简单的推导计算，制造商通过和弱势零售商交易获得的期望效用可以写为式（5-9）。

$$
\begin{aligned}
E[V_w^i] = {} & w_w q_w - c q_w - \alpha y_w + Pr(\Omega_1^{AB}) E[p x_w + y_w + k_w \mid \Omega_1^{AB}] \\
& + Pr(\Omega_5^{DE}) E[p x_w + \theta p(x_d - q_d) + y_w + k_w \mid \Omega_5^{DE}] \\
& + Pr(\Omega_5^{D}) E[(\lambda - 1)(p x_w + \theta p(x_d - q_d) \\
& + y_w + k_w - c q_w - \alpha y_w) \mid \Omega_5^{D}] \\
& + Pr(\Omega_1^{A}) E[(\lambda - 1)(p x_w + y_w + k_w - c q_w \\
& - \alpha y_w) \mid \Omega_1^{A}] - Pr(\Omega_{15}^{ABDE}) E[w_w q_w \mid \Omega_{15}^{ABDE}]
\end{aligned}
\tag{5-9}
$$

因此，制造商的期望总效用满足式（5-10）。

$$
U_t^i = w_d q_d + E[V_w^i] - c q_d \tag{5-10}
$$

命题 5-4　给定两个零售商的最优订货量 q_d^i 和 q_w^i，制造商提供给弱势零售商的最优批发价格 w_w^i 和投保额度 y_w^i 满足 $(w_w^i, y_w^i) = \mathrm{argmax}\,(w_d q_d^i + E[V_w^i] - c q_d^i)$，其中 $w_d \le w_w^i \le p, 0 < y_w^i \le w_w^i q_w^i - k_w$。制造商提供给弱势零售商的最优批发价格 w_w^i 和投保额度 y_w^i 取边界值或由库文塔克条件决定。

命题 5-4 表明制造商向弱势零售商提供的批发价格 w_w^i 和贸易信贷额度 $w_w^i q_w^i - k_w$ 不仅受强势零售商的单位产品批发价格以及两个零售商之间需求转移率的影响，而且还受保险费率的影响。这是因为制造商承担的保费成本最后都会通过批发价格的上涨转移到弱势零售商身上。

5.5　数值分析

本节通过数值算例分析弱势零售商的初始资本、制造商的风险厌恶程度以及两个零售商之间的需求转移率对强势零售商、弱势零售商以及制造商的决策和绩效的影响。假设两个零售商的市场需求服从均值为 $\mu = 100$、方差为 $\sigma = 30^2$、相关系数为 $\rho = 0$ 的二维正态分布。其他参数值如下：单位产品的零售价格为 $p = 2$；单位产品的生产成本为 $c = 1.2$；保险商的保险费率为 $\alpha = 0.05$；强势零售商的批发价格为 $w_d = 1.5$。

5.5.1 弱势零售商的初始资本对供应链成员决策及绩效的影响

在两个零售商的情形下，如图 5 - 4 和图 5 - 5 所示，随着弱势零售商初始资本的降低，弱势零售商的订货量将会增加。这主要是在贸易信贷融资下弱势零售商的有限责任导致的。当弱势零售商的市场需求较低时，弱势零售商的销售收入不能付清制造商的全部剩余货款，只会将销售期内实现的全部销售收入支付给制造商。因此，当弱势零售商的初始资本较低时，弱势零售商的订货量较高。但是由于两个零售商之间的竞争，弱势零售商较高的订货量会导致强势零售商较低的订货量。此外，弱势零售商较高的订货量会导致制造商较高的投保额度。综合考虑两个零售商的订货量，当弱势零售商的初始资本较低时，制造商总体的产品销量（即两个零售商总体的订货量）较高，进而导致制造商的效用也处于较高水平。

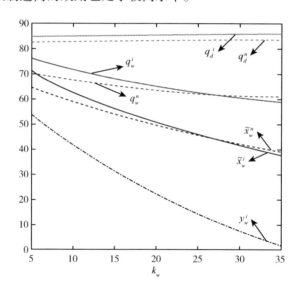

图 5 - 4　弱势零售商的初始资本对零售商订货量和制造商投保额度的影响

此外，当弱势零售商的初始资本较低时，弱势零售商在销售期末付清制造商全部剩余货款的可能性较低，导致制造商购买信用保险的可能性较高。根据第 4 章的研究结论可知，当市场中仅存在一个资金约束的零售商时，资金约束的零售商总能从制造商购买的信用保险中受益。然而，由于两个零售

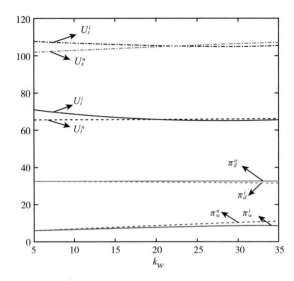

图 5 – 5 弱势零售商的初始资本对供应链成员绩效的影响

商之间的竞争，资金约束的弱势零售商并不总能从制造商处购买的信用保险中受益。具体来说，当 $5 < k_w < 20$ 时，制造商会选择购买信用保险。此时，制造商购买信用保险对强势零售商是有利的，但对弱势零售商而言却不一定。具体而言，当 $5 < k_w < 17$ 时，制造商购买信用保险对弱势零售商是有利的，而当 $17 < k_w < 20$ 时，制造商购买信用保险对弱势零售商是不利的。当弱势零售商的初始资本 $k_w = 18$ 时，在有信用保险的情形下，弱势零售商的订货量、破产临界点以及利润分别为 $q_w^i = 68$、$\tilde{x}_w^i = 55$、$\pi_w^i = 8$；强势零售商的订货量和利润分别为 $q_d^i = 85$、$\pi_d^i = 33$；制造商的效用为 $U_t^i = 66.5$。在无信用保险的情形下，弱势零售商的订货量、破产临界点以及利润分别为 $q_w^n = 65$、$\tilde{x}_w^n = 53$、$\pi_w^n = 8.5$；强势零售商的订货量和利润分别为 $q_d^i = 83$、$\pi_d^n = 32.5$；制造商的效用为 $U_t^n = 66$。

5.5.2　制造商的风险厌恶程度对供应链成员决策及绩效的影响

如图 5 – 6 和图 5 – 7 所示，由于弱势零售商违约风险的存在，因此随着制造商风险厌恶程度的增加，制造商提供给弱势零售商的批发价格也会随之增加。在这种情况下，弱势零售商的订货量将会下降，同时弱势零售商的利润也会随之降低。然而，由于两个零售商的相互竞争，弱势零售商订货量的下降将导致强势零售商订货量的增加，进而导致强势零售商利润的增加。但是，对风险厌恶的制造商来说，随着风险厌恶程度的增加，制造商总体的产品销量、投保额度和效用都会下降。具体而言，在有信用保险的情形下，当制造商的风险厌恶程度 $\lambda = 20$ 时，弱势零售商的订货量、破产临界点以及利润分别为 $q_w^i = 60$、$\tilde{x}_w^i = 38$、$\pi_w^i = 13$；强势零售商的订货量和利润分别为 $q_d^i = 110$、$\pi_d^i = 40$；制造商的投保额度和效用分别为 $y_w^i = 10$，$U_t^i = 90$。当制造商的风险厌恶程度 $\lambda = 80$ 时，弱势零售商的订货量、破产临界点以及利润分别为 $q_w^i = 42$、$\tilde{x}_w^i = 21$、$\pi_w^i = 10$；强势零售商的订货量和利润分别为 $q_d^i = 125$、$\pi_d^i = 48$；制造商的投保额度和效用分别为 $y_w^i = 7$、$U_t^i = 85$。

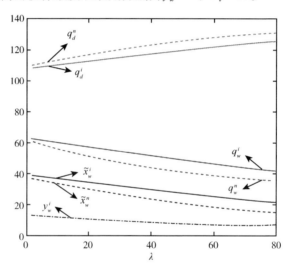

图 5 - 6　制造商的风险厌恶程度对零售商订货量和制造商投保额度的影响

　　图 5 - 6 和图 5 - 7 表明，制造商风险厌恶程度越高，制造商购买信用保险的可能性越大。具体而言，当制造商的风险厌恶程度 $\lambda = 20$ 时，信用保险的应用促使制造商多获得的总体产品销量和效用分别为 $U_t^i - U_t^n = 15$、$q_d^i + q_w^i - q_d^n - q_w^n = 4$；当制造商的风险厌恶程度 $\lambda = 80$ 时，信用保险的应用促使制造商多获得的总体产品销量和效用分别为 $U_t^i - U_t^n = 18$、$q_d^i + q_w^i - q_d^n - q_w^n = 7$。此外，与无信用保险的情形相比，信用保险的应用可以提高制造商的总体产品销量和效用，同时也可以提高弱势零售商的订货量和利润，但会损害强势零售商的订货量和利润。

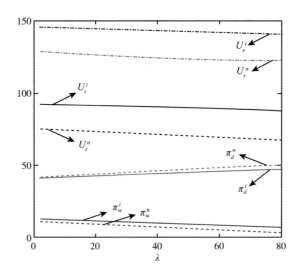

图 5 – 7　制造商的风险厌恶程度对供应链成员绩效的影响

5.5.3　需求转移率对供应链成员决策及绩效的影响

如图 5 – 8 和图 5 – 9 所示，随着两个零售商之间需求转移率的增加，两个零售商各自的有效需求也会增加，进而导致两个零售商的订货量和利润增加。随着弱势零售商订货量的增加，制造商的投保额度也会相应增加，同时

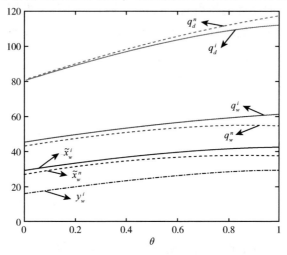

图 5 – 8　需求转移率对零售商订货量和制造商投保额度的影响

两个零售商订货量的增加也会促使制造商的效用提高。此外，在信用保险和转移需求的共同作用下，随着需求转移率的提高，弱势零售商的订货量和利润比无信用保险情形下的订货量和利润增长得更快。

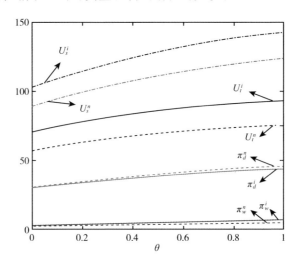

图 5 – 9　需求转移率对供应链成员绩效的影响

此外，随着需求转移率的增加，制造商购买信用保险的可能性也会增加。通过对比有信用保险和无信用保险两种情形，当 $\theta = 0$ 时，信用保险的应用会提高弱势零售商的订货量和利润以及制造商总体的产品销量和效用，但不会改变强势零售商的订货量和利润。当 $\theta = 1$ 时，信用保险发挥的作用会更大。具体而言，信用保险的应用会更大程度上提高弱势零售商的订货量和利润，以及制造商的总体产品销量和效用，但会降低强势零售商的订货量和利润。此外，当需求转移率在 $[0, 0.25]$ 时，信用保险的应用对两个零售商和制造商都是有利的。

5.6　本章小结

本章主要讨论在有两个相互竞争零售商的供应链中，信用保险的应用条件和作用以及制造商的最优投保额度问题。分析了两个零售商之间的竞争会对信用保险的应用条件和作用产生何种影响。本章将两个零售商和制造商之间的相互作用视为斯坦伯格博弈，并在此基础上分析了弱势零售商的订货量决策、强势零售商的订货量决策以及制造商的批发价格决策和投保额度决策。

在有两个相互竞争零售商的供应链中，当制造商的风险厌恶程度较高或弱势零售商的初始资本较低时，制造商会选择购买信用保险。信用保险的应用促使制造商获得更高的产品销量和效用，但不一定对资金约束的弱势零售商和资金充裕的强势零售商有利。然而，不同于只有一个资金约束零售商的情形下的研究结论——信用保险的应用总是对资金约束的零售商有利。这表明制造商可以通过购买信用保险应对强势零售商较强的议价能力，此外制造商购买信用保险也会影响强势零售商和弱势零售商之间的竞争。

随着弱势零售商初始资本的下降，弱势零售商的订货量将会增加，进而导致制造商的投保额度增加。但是由于两个零售商之间的竞争，弱势零售商订货量的增加会导致强势零售商订货量的下降。在两个零售商共同的作用下，制造商的总体产品销量和效用会随着弱势零售商初始资本的下降而上升。这表明资金约束的弱势零售商为了获得更高的订货量和利润以及在和强势零售商的竞争中获得有利的竞争地位，会积极地向制造商进行融资，同时制造商为了获得更高的产品销量和效用也会积极地向资金约束的弱势零售商提供贸易信贷融资，进而加剧两个零售商之间的竞争。

随着制造商风险厌恶程度的增加，制造商提供给弱势零售商的批发价格将会增加，这会导致弱势零售商的订货量和利润下降，使强势零售商的订货量和利润增加。同时，弱势零售商订货量的下降也会导致制造商投保额度的下降。在两个零售商的共同作用下，制造商的总体产品销量和效用都会随着制造商风险厌恶程度的增加而下降。

此外，随着两个零售商之间需求转移率的增加，两个零售商的订货量和利润都会增加，同时制造商的总体产品销量、投保额度和效用也会增加。随着需求转移率的增加，制造商购买信用保险的可能性也会加大。

第6章

总结和展望

本章首先总结了全书的研究工作，阐述了当前研究中存在的一些不足，同时指出了未来的研究方向。

6.1 总　　结

本书将信用保险引入资金约束的供应链中，探讨了在由零售商、制造商和保险商构成的三级供应链中信用保险的应用条件和作用以及零售商和制造商两者的投保机制和投保额度问题。通过对上述问题的探讨，得到了一系列有意义的研究结论，为现实企业的运营管理提供了理论指导和建议。本书的主要工作和主要结论如下。

第一，研究了信用保险的应用条件和作用以及零售商和制造商两者的投保机制，得到了在有信用保险的情形下零售商的订货量决策、制造商的批发价格决策以及保险商的保险费率决策，比较了有信用保险和无信用保险两种情形下供应链成员的决策和绩效。研究发现，当制造商的风险厌恶程度较高时，制造商会倾向于独自购买信用保险。尽管零售商愿意和制造商一起购买信用保险以获得更高的利润，但这会损害制造商的利益，因此制造商不会同意零售商采用这种策略。信用保险的应用促使零售商获得更低的融资条件（即更低的批发价格）和更高的贸易信贷额度，提高了零售商的订货量和所有供应链参与者的利润。从整体供应链的角度来看，信用保险的应用提高了整体供应链的订货量水平和供应链效率，实现了供应链部分协调，但不能使供应链实现完全协调。相对于保险商作为双层斯坦伯格博弈领导者的情形，在制造商作为领导者的情形下，信用保险被应用于商业贸易的可能性更大。

第二，探讨了制造商独自购买信用保险时的最优投保额度以及考虑保险商决策和不考虑保险商决策对信用保险的应用条件和作用的影响。分别得到了在考虑保险商决策和不考虑保险商决策的情形下，零售商的订货量决策和制造商的批发价格决策和投保额度决策。研究发现，在不考虑保险商决策的情形下，当制造商的风险厌恶程度较高或零售商的初始资本较低时，制造商会选择购买信用保险。信用保险的应用促使制造商获得更高的效用，同时也能促使零售商获得更高的订货量和利润。但是，信用保险的应用会增加零售商的破产风险，进而增加整体供应链的运营风险。随着制造商风险厌恶程度的增加，制造商的批发价格将会增加，导致零售商的订货量和制造商的投保额度下降，使制造商的效用和零售商的利润下降。零售商订货量的下降导致零售商破产风险下降。此外，随着零售商初始资本的降低，零售商的订货量和制造商的投保额度将会增加，导致零售商的破产风险增加。相对于不考虑保险商决策的情形，在考虑保险商决策的情形下，制造商购买信用保险的可能性更小。

第三，探讨了两个零售商之间的竞争对信用保险的应用条件和作用的影响。得到了在有两个零售商的供应链中，弱势零售商的订货量决策、强势零售商的订货量决策、制造商提供给弱势零售商的批发价格决策以及投保额度决策。研究发现，当制造商的风险厌恶程度较高或弱势零售商的初始资本较低时，制造商会选择购买信用保险。信用保险的应用促使制造商获得更高的产品销量和效用，但不一定对资金约束的弱势零售商和资金充裕的强势零售商有利。不同于只有一个资金约束零售商情形下的研究结论——制造商购买信用保险总是对资金约束的零售商有利。此外，随着两个零售商需求转移率的增加，两个零售商的订货量水平和利润都会增加，同时制造商的整体产品销量和效用也会增加。随着需求转移率的增加，制造商购买信用保险的可能性也会加大。

6.2　展　　望

本书探讨在随机市场需求情形下，信用保险的应用条件和作用以及零售商和制造商两者的投保机制和投保额度问题，并取得了一定的研究成果。但是，本书还存在一些不足有待完善，未来的研究方向如下。

1. 探讨供应链成员之间信息不对称的情形

本书的研究是建立在完全信息的假设基础之上的，即假设所有供应链成员之间的信息是对称的。然而，在现实中，由于零售商和消费者之间的接触更为紧密，零售商对市场需求的估计比制造商和保险商更为准确。因此，在未来可以考虑零售商、制造商和保险商对市场需求的估计服从不同的分布。

2. 利用数据进行实证分析来验证数学模型的结果

本书主要通过数学模型分析信用保险的应用条件和作用以及零售商和制造商两者的投保机制和投保额度问题。在未来的研究中，可以进一步利用企业的实际数据进行实证分析，验证本书的研究结论是否成立。

3. 探讨多周期的情形

本书的研究主要是以单周期情形下资金约束的供应链为研究对象。然而，在现实的商业活动中，企业之间的交易往往在多个周期内进行，且每个周期相互影响。因此，未来可以考虑在多周期情形下，信用保险在资金约束供应链中的应用条件和作用。

4. 探讨制造商随机产出的情形

本书只探讨了零售商面临随机市场需求的情形，但在现实中，零售商可能面临制造商的随机供应风险。因此，在未来可以研究制造商的产出不确定性会对信用保险的应用条件和作用产生哪些影响。

5. 探讨多个零售商、多个制造商以及多个保险商相互竞争的情形

本书主要探讨单一零售商以及两个零售商竞争的情形。然而在现实中，会存在多个零售商、多个制造商以及多个保险商相互竞争的情形。日后可以探讨在多个零售商、多个制造商以及多个保险商相互竞争的情形下，本书的研究结论会发生哪些变化。

附录 A

命题 3-1 的证明

根据式（3-2），当 $k_r < wq$ 时，零售商的期望利润满足式（A-1）。

$$\pi_r^n(q) = pq - wq - \int_{\hat{x}}^q pF(x)\,\mathrm{d}x \qquad (A-1)$$

为了便于计算，使 $k_r \leq wq$。当零售商的目标是实现利润最大化时，目标函数为 $\max \pi_r^n(q)$，即求 $pq - wq - \int_{\hat{x}}^q pF(x)\,\mathrm{d}x$ 的最大值。为了便于计算，可以将此转换为求 $\overline{\pi}_r^n(q) = wq + \int_{\hat{x}}^q pF(x)\,\mathrm{d}x - pq$ 的最小值。本书利用拉格朗日函数求解上述有约束条件下的最优化问题。上述求解零售商利润最大化情形下的最优订货量问题可以转换为求解式（A-2）的问题。

$$
\begin{cases}
\min \overline{\pi}_r^n(q) = wq + \int_{\hat{x}}^q pF(x)\,\mathrm{d}x - pq \\
g_1(q) = wq - k_r \geq 0
\end{cases}
\qquad (A-2)
$$

对 $\overline{\pi}_r^n(q)$、$g_1(q)$ 求关于 q 的一阶导，可得 $\dfrac{\partial \overline{\pi}_r^n(q)}{\partial q} = w\overline{F}(\hat{x}) - p\overline{F}(q)$，$\dfrac{\partial g_1(q)}{\partial q} = w$。根据库文塔克条件，可得式（A-3）。其中，$\gamma_1^*$ 是拉格朗日乘子，q^* 为库文塔克点。

$$
\begin{cases}
w\overline{F}(\hat{x}) - p\overline{F}(q^*) - w\gamma_1^* = 0 \\
\gamma_1^*(wq^* - k_r) = 0 \\
\gamma_1^* \geq 0
\end{cases}
\qquad (A-3)
$$

为了解决上述问题，本章主要考虑以下两种情形。

情形1：$\gamma_1^* \neq 0$，$wq^* - k_r = 0$，$\gamma_1^* = \dfrac{w - p\overline{F}(q^*)}{w} > 0$，意味着 $w > p\overline{F}\left(\dfrac{k_r}{w}\right)$。本章主要讨论 $k_r < wq$ 的情形。因此，情形1中的 $q^* = k_r/w$ 不在本章的讨论范围内。

情形2：$\gamma_1^* = 0$，$w\overline{F}(\hat{x}) - p\overline{F}(q^*) = 0$，当 k_r 满足 $w \leqslant p\overline{F}\left(\dfrac{k_r}{w}\right)$ 时。

当零售商的最优订货量为情形2中的 q^* 时（为了便于区分，用 q^n 表示），可知式（A-4）成立。

$$\frac{\partial^2 \overline{\pi}_r^{\,n}(q)}{\partial q^2}\Big|_{q=q^n} = pf(q^n) - \frac{w^2 f(\hat{x})}{p} = pf(q^n) - \frac{w\overline{F}(q^n)f(\hat{x})}{\overline{F}(\hat{x})}$$

$$= \overline{F}(q^n)\left[\frac{pf(q^n)}{\overline{F}(q^n)} - \frac{wf(\hat{x})}{\overline{F}(\hat{x})}\right] \qquad (A-4)$$

因为零售商的订货量不小于零售商的破产临界点，即 $q^n \geqslant \hat{x}$，所以当 $\dfrac{\partial \overline{\pi}_r^{\,n}(q)}{\partial q} = w\overline{F}(\hat{x}) - p\overline{F}(q^n) = 0$ 时，可知 $\dfrac{w}{p} = \dfrac{\overline{F}(q^n)}{\overline{F}(\hat{x})} \leqslant 1$。因为 $\dfrac{f(x)}{\overline{F}(x)}$ 是 x 的增函数，即 $\dfrac{f(q^n)}{\overline{F}(q^n)} \geqslant \dfrac{f(\hat{x})}{\overline{F}(\hat{x})}$，可得 $\dfrac{pf(q^n)}{\overline{F}(q^n)} \geqslant \dfrac{wf(\hat{x})}{\overline{F}(\hat{x})}$，进一步可得 $\dfrac{\partial^2 \overline{\pi}_r^{\,n}(q)}{\partial q^2}\Big|_{q=q^n} \geqslant 0$。由于零售商的利润函数是连续且可导的，所以当 k_r 满足 $w < p\overline{F}(k_r/w)$ 时，q^n 为零售商的最优订货量，且满足 $p\overline{F}(q^n) - w\overline{F}(\hat{x}) = 0$。证毕。

命题3-2的证明

根据前文可知，制造商的效用函数满足式（A-5）。

$$\pi_m^n(q) = wq - cq - \int_0^{\hat{x}} pF(x)\,\mathrm{d}x - (\lambda - 1)\int_0^{\hat{x}} pF(x)\,\mathrm{d}x \qquad (A-5)$$

根据 $p\overline{F}(q^n) = w\overline{F}(\hat{x})$，可知 w 和 $q^n(w)$ 之间存在一一对应关系。由于 $w(q^n)$ 是 $q^n(w)$ 的反函数，所以在求最优批发价格的过程中可以让 $q^n(w)$ 替代 $w^n(q)$。根据命题3-1可知，当 $w < p\overline{F}(k_r/w)$ 时，零售商的最优订货量 q^n 满足 $p\overline{F}(q^n) - w\overline{F}(\hat{x}) = 0$。因此可以将此转换为当 $k_r < pq\overline{F}(q)$ 时，制造商的最优批发价格满足 $p\overline{F}(q) - w^n\overline{F}(\hat{x}) = 0$。为了便于计算，将上述约束条

件改为$k_r \leqslant pq\overline{F}(q)$。本章利用拉格朗日函数求解上述有约束条件下的最优化问题。因此上述求解制造商效用最大化情形下的最优订货量问题可转换求解式（A-6）的问题。

$$\begin{cases} \min \overline{\pi}_m^n(q) = cq + \int_0^{\hat{x}} pF(x)\mathrm{d}x + (\lambda - 1)\int_0^{\vec{x}} pF(x)\mathrm{d}x - wq \\ g_2(q) = pq\overline{F}(q) - k_r \geqslant 0 \end{cases}$$

$$(A-6)$$

对$\overline{\pi}_m^n(q)$、$g_2(q)$求关于q的一阶导，可得$\dfrac{\partial g_2(q)}{\partial q} = p[\overline{F}(q) - qf(q)]$以及式（A-7）。

$$\begin{aligned} \frac{\partial \overline{\pi}_m^n(q)}{\partial q} &= [(\lambda - 1)F(\vec{x}) + 1]c - \overline{F}(\hat{x})\frac{p\overline{F}(q) - pqf(q)}{F(\hat{x}) - f(\hat{x})w^n q/p} \\ &= [(\lambda - 1)F(\vec{x}) + 1]c - p\overline{F}(q)\frac{1 - qz(q)}{1 - z(\hat{x})w^n q/p} \end{aligned} \qquad (A-7)$$

根据库文塔克条件，可得式（A-8）。其中，γ_2^*是拉格朗日乘子，q^*是库文塔克点。

$$\begin{cases} [(\lambda - 1)F(\vec{x}) + 1]c - p\overline{F}(q^*)\dfrac{1 - q^*z(q^*)}{1 - z(\hat{x})w^n q^*/p} - p[\overline{F}(q^*) - q^*f(q^*)]\gamma_2^* = 0 \\ \gamma_2^*[pq^*\overline{F}(q^*) - k_r] = 0 \\ \gamma_2^* \geqslant 0 \end{cases}$$

$$(A-8)$$

为了解决上述问题，本章主要考虑以下两种情形。

情形1：当$\gamma_2^* \neq 0$时，$k_r = pq^*\overline{F}(q^*)$。在这种情形下，$k_r = wq^*$。本章主要讨论$k_r < wq$的情形。可知情形1的解不满足条件，因此情形1不在本章的研究范围内。

情形2：当$\gamma_2^* = 0$时，可知式（A-9）成立。当零售商的最优订货量为情形2中的q^*时，为了便于区分，用q^n代替q^*。

$$p\overline{F}(q^n)\frac{1 - q^n z(q^n)}{1 - z(\hat{x})w^n q^n/p} = [(\lambda - 1)F(\vec{x}) + 1]c \qquad (A-9)$$

正如一些学者所述（Kouvelis and Zhao，2012），$\dfrac{1-q^n z(q^n)}{1-w^n q^n z(\hat{x})/p}$ 是 q^n 的减函数，可得式（A-10）是 q^n 的减函数。

$$p\overline{F}(q^n)\frac{1-q^n z(q^n)}{1-z(\hat{x})w^n q^n/p}-\left[(\lambda-1)F(\vec{x})+1\right]c \qquad (A-10)$$

又因为制造商的目标函数是连续且可导的，所以零售商订货量的最优解 q^n 在 $\dfrac{\partial\overline{\pi}_m^n(q)}{\partial q}=0$ 时取得。因此，零售商的最优订货量 q^n 满足 $p\overline{F}(q^n)-w\overline{F}(\hat{x})=0$；制造商的最优批发价格 w^n 满足式（A-11）。

$$\overline{F}(\hat{x})\frac{p\overline{F}(q^n)-pq^n f(q^n)}{\overline{F}(\hat{x})-f(\hat{x})w^n q^n/p}=\left[(\lambda-1)F(\vec{x})+1\right]c \qquad (A-11)$$

证毕。

命题 3-3 的证明

根据式（3-6），对 $\prod^n(q)$ 求关于 q 的一阶导，可得式（A-12）。

$$\frac{\partial\prod^n(q)}{\partial q}=p\overline{F}(q)-c\left[1+(\lambda-1)F(\vec{x})\right] \qquad (A-12)$$

对 $\prod^n(q)$ 求关于 q 的二阶导，可得式（A-13）。

$$\frac{\partial^2\prod^n(q)}{\partial q^2}=-pf(q)-c^2(\lambda-1)f(\vec{x})/p<0 \qquad (A-13)$$

因此，整体供应链的最优订货量 q_n^c 满足 $p\overline{F}(q_n^c)=c\left[1+(\lambda-1)F(\vec{x})\right]$。证毕。

命题 3-4 的证明

根据式（3-7）可知，当 $\alpha\theta wq<k_r<wq$ 时，零售商的期望利润满足式（A-14）。

$$\begin{aligned}
\pi_r^{ram}(q)&=E\left[p\min(x,q)-\frac{wq-k_r}{1-\alpha\theta}\right]^+-k_r\\
&=\int_q^{+\infty}\left[pq-\frac{wq-k_r}{1-\alpha\theta}-\frac{k_r-\alpha\theta wq}{1-\alpha\theta}-\frac{\alpha\theta(wq-k_r)}{1-\alpha\theta}\right]f(x)\,\mathrm{d}x\\
&\quad+\int_{\tilde{x}}^q\left[px-\frac{wq-k_r}{1-\alpha\theta}-\frac{k_r-\alpha\theta wq}{1-\alpha\theta}-\frac{\alpha\theta(wq-k_r)}{1-\alpha\theta}\right]f(x)\,\mathrm{d}x
\end{aligned}$$

$$- \int_0^{\tilde{x}} k_r f(x) \, dx$$

$$= pq - wq - \frac{\alpha\theta(wq - k_r)}{1 - \alpha\theta} - \int_{\tilde{x}}^q pF(x) \, dx \tag{A-14}$$

为了便于计算，使 $\alpha\theta wq \leqslant k_r \leqslant wq$。当零售商的目标是实现利润最大化时，其目标函数为 $\max \pi_r^{ram}(q)$，这也是求 $pq - wq - \alpha\theta(wq - k_r)/(1 - \alpha\theta) - \int_{\tilde{x}}^q pF(x) \, dx$ 的最大值。为了便于计算，可以将此转化为求 $\overline{\pi}_r^{ram}(q) = wq + \alpha\theta(wq - k_r)/(1 - \alpha\theta) + \int_{\tilde{x}}^q pF(x) \, dx - pq$ 的最小值。本章利用拉格朗日函数求解上述有约束条件下的最优化问题。上述求解零售商利润最大化情形下的最优订货量问题可以转换为求解式（A-15）的问题。

$$\begin{cases} \min \overline{\pi}_r^{ram}(q) = wq + \dfrac{\alpha\theta(wq - k_r)}{1 - \alpha\theta} + \displaystyle\int_{\tilde{x}}^q pF(x) \, dx - pq \\ g_3(q) = wq - k_r \geqslant 0 \\ g_4(q) = k_r - \alpha\theta wq \geqslant 0 \end{cases} \tag{A-15}$$

对 $\overline{\pi}_r^{ram}(q)$、$g_3(q)$、$g_4(q)$ 求关于 q 的一阶导，可得 $\dfrac{\partial \overline{\pi}_r^{ram}(q)}{\partial q} = w\overline{F}(\tilde{x})/(1 - \alpha\theta) - p\overline{F}(q)$，$\dfrac{\partial g_3(q)}{\partial q} = w$，$\dfrac{\partial g_4(q)}{\partial q} = -\alpha\theta w$。根据库文塔克条件，可得式（A-16）。其中，$\gamma_3^*$、$\gamma_4^*$ 是拉格朗日乘子，q^* 为库文塔克点。

$$\begin{cases} \dfrac{w\overline{F}(\tilde{x})}{1 - \alpha\theta} - p\overline{F}(q^*) - w\gamma_3^* + \alpha\theta w \gamma_4^* = 0 \\ \gamma_3^*(wq^* - k_r) = 0 \\ \gamma_4^*(k_r - \alpha\theta wq^*) = 0 \\ \gamma_3^* \geqslant 0 \\ \gamma_4^* \geqslant 0 \end{cases} \tag{A-16}$$

为了解决上述问题，本章主要考虑以下四种情形。

情形 1：$\gamma_3^* \neq 0$，$\gamma_4^* \neq 0$，$wq^* - k_r = 0$，$k_r - \alpha\theta w q^* = 0$。因为 $0 < \alpha < 1$，$0 \leqslant \theta \leqslant 1$，$k_r > 0$，可得 $q^* = 0$。因此，情形 1 不在本章的讨论范围内。

情形 2：$\gamma_3^* \neq 0$，$\gamma_4^* = 0$，$w\,q^* - k_r = 0$，$\gamma_3^* = \dfrac{w/(1-\alpha\theta) - p\overline{F}(q^*)}{w} > 0$，

意味着 $\dfrac{w}{p(1-\alpha\theta)} > \overline{F}\left(\dfrac{k_r}{w}\right)$。本章主要讨论 $k_r < wq$ 的情形。因此，情形 2 中的 $q^* = k_r/w$ 不在本章的讨论范围内。

情形 3：$\gamma_3^* = 0$，$\gamma_4^* \neq 0$，$k_r - \alpha\theta w\,q^* = 0$，$\gamma_4^* = \dfrac{p\overline{F}(q^*) - w\overline{F}(\tilde{x})/(1-\alpha\theta)}{\alpha\theta w} > 0$，

表明 $p\overline{F}\left(\dfrac{k_r}{\alpha\theta w}\right) > \dfrac{w}{1-\alpha\theta}\overline{F}\left(\dfrac{k_r}{\alpha\theta p}\right)$。本章主要探讨 $\alpha\theta wq < k_r$ 的情形。因此情形 3 中的零售商订货量 $q^* = k_r/(\alpha\theta wq^*)$ 不在本章的研究范围内。

情形 4：$\gamma_3^* = 0$，$\gamma_4^* = 0$，$\dfrac{w\overline{F}(\tilde{x})}{1-\alpha\theta} - p\overline{F}(q^*) = 0$，$k_r$ 需要满足 $p\overline{F}\left(\dfrac{k_r}{\alpha\theta w}\right) \leqslant$

$\dfrac{w}{1-\alpha\theta}\overline{F}\left(\dfrac{k_r}{\alpha\theta p}\right)$ 和 $\dfrac{w}{p\ (1-\alpha\theta)} \leqslant \overline{F}\left(\dfrac{k_r}{w}\right)$。

当零售商的最优订货量为情形 4 中的 q^* 时（为了便于区分，用 q_i^{ram} 表示），可知式（A – 17）成立。

$$
\begin{aligned}
\frac{\partial^2 \overline{\pi}_r^{\,ram}(q)}{\partial q^2}\bigg|_{q=q_i^{ram}} &= pf(q_i^{ram}) - \frac{w^2 f(\tilde{x})}{p(1-\alpha\theta)^2} = pf(q_i^{ram}) - \frac{w\overline{F}(q_i^{ram})f(\tilde{x})}{(1-\alpha\theta)\overline{F}(\tilde{x})} \\
&= \overline{F}(q_i^{ram})\left[\frac{pf(q_i^{ram})}{\overline{F}(q_i^{ram})} - \frac{wf(\tilde{x})}{(1-\alpha\theta)\overline{F}(\tilde{x})}\right]
\end{aligned}
\tag{A – 17}
$$

因为零售商的订货量是不小于零售商的破产临界点的，即 $q_i^{ram} \geqslant \tilde{x}$，所以当 $\dfrac{\partial \overline{\pi}_r^{\,ram}(q)}{\partial q} = \dfrac{w\overline{F}(\tilde{x})}{1-\alpha\theta} - p\overline{F}(q_i^{ram}) = 0$ 时，可得 $\dfrac{w}{p(1-\alpha\theta)} = \dfrac{\overline{F}(q_i^{ram})}{\overline{F}(\tilde{x})} \leqslant$

1。又因为 $\dfrac{f(q)}{\overline{F}(q)}$ 是 q 的增函数，即 $\dfrac{f(q_i^{ram})}{\overline{F}(q_i^{ram})} \geqslant \dfrac{f(\tilde{x})}{\overline{F}(\tilde{x})}$，可知 $\dfrac{pf(q_i^{ram})}{\overline{F}(q_i^{ram})} \geqslant$

$\dfrac{wf(\tilde{x})}{(1-\alpha\theta)\overline{F}(\tilde{x})}$，进一步可得 $\dfrac{\partial^2 \overline{\pi}_r^{\,ram}(q)}{\partial q^2}\bigg|_{q=q_i^{ram}} \geqslant 0$。由于零售商的目标函数

是连续且可导的，因此当 k_r 满足 $p\overline{F}\left(\dfrac{k_r}{\alpha\theta w}\right) < \dfrac{w}{1-\alpha\theta}\overline{F}\left(\dfrac{k_r}{\alpha\theta p}\right)$ 和 $\dfrac{w}{p(1-\alpha\theta)} <$

$\overline{F}\left(\dfrac{k_r}{w}\right)$ 时，q_i^{ram} 为零售商的最优订货量，且满足 $p\overline{F}(q_i^{ram}) - w\overline{F}(\tilde{x})/(1-\alpha\theta)$

=0。证毕。

推论 3 – 1 的证明

（1）根据命题 3 – 4 可知，当给定批发价格 w 和保险费率 α 时，对零售商的订货量 q_i^{ram} 求关于 k_r 的一阶导，可得式（A – 18）。

$$\frac{\partial q_i^{ram}(k_r)}{\partial k_r} = \frac{wf(\tilde{x})/(p(1-\alpha\theta)^2)}{w^2 f(\tilde{x})/(p(1-\alpha\theta)^2) - pf(q_i^{ram})} \qquad (A-18)$$

由命题 3 – 4 可知 $\dfrac{w^2 f(\tilde{x})}{p(1-\alpha\theta)^2} - pf(q_i^{ram}) < 0$，可得 $\dfrac{\partial q_i^{ram}(k_r)}{\partial k_r} < 0$。

（2）对零售商的破产临界点 $\tilde{x}(q_i^{ram})$ 求关于 k_r 的一阶导，可知式（A – 19）成立。

$$\frac{\partial \tilde{x}(q_i^{ram}(k_r))}{\partial k_r} = \frac{1}{p(1-\alpha\theta)} \frac{pf(q_i^{ram})}{w^2 f(\tilde{x})/(p(1-\alpha\theta)^2) - pf(q_i^{ram})} < 0$$

$$(A-19)$$

证毕。

推论 3 – 2 的证明

（1）①给定保险费率 α，对 q_i^{ram} 求关于 w 的一阶导，可得式（A – 20）。

$$\frac{\partial q_i^{ram}(w)}{\partial w} = \frac{1}{1-\alpha\theta} \frac{\overline{F}(\tilde{x}) - w q_i^{ram} f(\tilde{x})/(p(1-\alpha\theta))}{w^2 f(\tilde{x})/(p(1-\alpha\theta)^2) - pf(q_i^{ram})} \qquad (A-20)$$

根据命题 3 – 4 可知 $\overline{F}(\tilde{x}) - \dfrac{w q_i^{ram} f(\tilde{x})}{p(1-\alpha\theta)} > 0$，得到 $\dfrac{\partial q_i^{ram}(w)}{\partial w} < 0$。

②对 $\tilde{x}(q_i^{ram})$ 求关于 w 的一阶导，可知式（A – 21）成立。

$$\frac{\partial \tilde{x}(q_i^{ram}(w))}{\partial w} = \frac{1}{p(1-\alpha\theta)} \frac{p\overline{F}(q_i^{ram}) - pq_i^{ram} f(q_i^{ram})}{w^2 f(\tilde{x})/(p(1-\alpha\theta)^2) - pf(q_i^{ram})} < 0$$

$$(A-21)$$

③类似地，对 $\pi_r^{ram}(q_i^{ram})$ 求关于 w 的一阶导，可知式（A – 22）成立。

$$\frac{\partial \pi_r^{ram}(q_i^{ram})}{\partial w} = -\frac{q_i^{ram}\overline{F}(\tilde{x})}{1-\alpha\theta} < 0 \qquad (A-22)$$

資金约束供应链中信用保险研究

（2）①根据命题 3 - 4，给定批发价格 w 和保险费率 α，对 q_i^{ram} 求关于 θ 的一阶导，可得式（A - 23）。

$$\frac{\partial q_i^{ram}(\theta)}{\partial \theta} = \frac{\alpha w}{(1-\alpha\theta)^2} \frac{\overline{F}(\tilde{x}) - (w q_i^{ram} - k_r)f(\tilde{x})/(p(1-\alpha\theta))}{w^2 f(\tilde{x})/(p(1-\alpha\theta)^2) - pf(q_i^{ram})}$$

（A - 23）

由于 $\frac{w^2 f(\tilde{x})}{p(1-\alpha\theta)^2} - pf(q_i^{ram}) < 0$，可得 $\frac{\partial q_i^{ram}(\theta)}{\partial \theta} < 0$。

②根据命题 3 - 4，对零售商的破产临界点 $\tilde{x}(q_i^{ram}(\theta))$ 求关于 θ 的一阶导，可得式（A - 24）。

$$\frac{\partial \tilde{x}(q_i^{ram}(\theta))}{\partial \theta} = \frac{1}{p(1-\alpha\theta)^2[w^2 f(\tilde{x})/(p(1-\alpha\theta)^2) - pf(q_i^{ram})]}$$

$$\left[[\overline{F}(\tilde{x}) - \tilde{x}f(\tilde{x})]\frac{\alpha w^2}{(1-\alpha\theta)} \right.$$

$$\left. + \alpha(w q_i^{ram} - k_r)\left[\frac{w^2 f(\tilde{x})}{p(1-\alpha\theta)^2} - pf(q_i^{ram})\right] \right]$$ （A - 24）

根据式（A - 25），可得 $\frac{\partial \tilde{x}(q_i^{ram}(\theta))}{\partial \theta} < 0$。

$$\frac{\alpha w^2}{1-\alpha\theta}[\overline{F}(\tilde{x}) - \tilde{x}f(\tilde{x})] + \alpha(w q_i^{ram} - k_r)\left[\frac{w^2 f(\tilde{x})}{p(1-\alpha\theta)^2} - pf(q_i^{ram})\right]$$

$$= \frac{\alpha w^2}{1-\alpha\theta}\overline{F}(\tilde{x}) - \alpha(w q_i^{ram} - k_r)pf(q_i^{ram})$$

$$= \alpha p[w\overline{F}(q_i^{ram}) - w q_i^{ram}f(q_i^{ram}) + k_r f(q_i^{ram})] > 0$$ （A - 25）

③对零售商的期望利润 $\pi_r^{ram}(q_i^{ram})$ 求关于 θ 的一阶导，可知式（A - 26）成立。

$$\frac{\partial \pi_r^{ram}(q_i^{ram}(\theta))}{\partial \theta} = -\overline{F}(\tilde{x})\frac{\alpha(w q_i^{ram} - k_r)}{(1-\alpha\theta)^2} < 0$$ （A - 26）

证毕。

命题 3 - 5 的证明

正如 3.2 节所述，风险厌恶制造商的目标函数满足式（A - 27）。

$$\pi_m^{ram}(w) = \int_0^{\tilde{x}} \left[px + \left(\frac{wq - k_r}{1 - \alpha\theta} - px \right) + \frac{k_r - \alpha\theta wq}{1 - \alpha\theta} - \frac{\alpha(1 - \theta)(wq - k_r)}{1 - \alpha\theta} - \right.$$

$$\left. cq \right] f(x)\mathrm{d}x + \int_{\tilde{x}}^{+\infty} \left[wq - \frac{\alpha(1 - \theta)(wq - k_r)}{1 - \alpha\theta} - cq \right] f(x)\mathrm{d}x$$

$$= wq - \frac{\alpha(1 - \theta)(wq - k_r)}{1 - \alpha\theta} - cq \qquad (A - 27)$$

无论零售商是否违约，制造商的利润始终满足式（A - 27），表明制造商的利润大于 0，否则制造商会拒绝和零售商进行交易。因此，风险厌恶制造商的效用函数与风险中性制造商的利润函数相同。

根据推论 3 - 2 可知，w 和 $q_i^{ram}(w, \alpha)$ 存在一一对应关系。$w(q_i^{ram}, \alpha)$ 是 $q_i^{ram}(w, \alpha)$ 的反函数。根据命题 3 - 4 可知，当 k_r 满足 $p\overline{F}\left(\frac{k_r}{\alpha\theta w}\right) < \frac{w}{1 - \alpha\theta}$ $\overline{F}\left(\frac{k_r}{\alpha\theta p}\right)$ 和 $\frac{w}{p(1 - \alpha\theta)} < \overline{F}\left(\frac{k_r}{w}\right)$ 时，零售商的最优订货量 q_i^{ram} 满足 $p\overline{F}(q_i^{ram}) - w\overline{F}(\tilde{x})/(1 - \alpha\theta) = 0$。因此可以将此转换为制造商的最优批发价格满足 $p\overline{F}(q) - w_i^{ram}\overline{F}(\tilde{x})/(1 - \alpha\theta) = 0$。为了便于计算，将上述约束条件改为 $k_r \leqslant$ $p(1 - \alpha\theta)q\overline{F}(q)$ 和 $p(1 - \alpha\theta)q\overline{F}(q) \leqslant \frac{k_r}{\alpha\theta}\overline{F}\left(\frac{k_r}{\alpha\theta p}\right)$。本章利用拉格朗日函数求解上述有约束条件下的最优化问题。因此上述求解制造商利润最大化情形下的最优订货量问题可以转换为求解式（A - 28）的问题。

$$\begin{cases} \min \overline{\pi}_m^{ram}(q) = \dfrac{\alpha(1 - \theta)(wq - k_r)}{1 - \alpha\theta} + cq - wq \\ g_5(q) = p(1 - \alpha\theta)q\overline{F}(q) - k_r \geqslant 0 \\ g_6(q) = \dfrac{k_r}{\alpha\theta}\overline{F}\left(\dfrac{k_r}{\alpha\theta p}\right) - p(1 - \alpha\theta)q\overline{F}(q) \geqslant 0 \end{cases} \qquad (A - 28)$$

对 $\overline{\pi}_m^{ram}(q)$、$g_5(q)$、$g_6(q)$ 求关于 q 的一阶导，可得 $\dfrac{\partial g_5(q)}{\partial q} = p(1 - \alpha\theta)$ $[\overline{F}(q) - qf(q)]$，$\dfrac{\partial g_6(q)}{\partial q} = -p(1 - \alpha\theta)[\overline{F}(q) - qf(q)]$ 以及式（A - 29）。

$$\frac{\partial \overline{\pi}_m^{ram}(q)}{\partial q} = \frac{-(1 - \alpha)(p\overline{F}(q) - pqf(q))}{\overline{F}(\tilde{x}) - w_i^{ram}qf(\tilde{x})/(p(1 - \alpha\theta))} + c \qquad (A - 29)$$

根据库文塔克条件，可得式（A-30）。其中，γ_5^*、γ_6^* 是拉格朗日乘子，q^* 是库文塔克点。

$$
\begin{cases}
c - \dfrac{(1-\alpha)(p\overline{F}(q^*) - pq^*f(q^*))}{\overline{F}(\tilde{x}) - w_i^{ram}q^*f(\tilde{x})/(p(1-\alpha\theta))} - p(1-\alpha\theta)[\overline{F}(q^*) - q^*f(q^*)]\gamma_5^* \\
\quad + p(1-\alpha\theta)[\overline{F}(q^*) - q^*f(q^*)]\gamma_6^* = 0 \\
\gamma_5^*[p(1-\alpha\theta)q^*\overline{F}(q^*) - k_r] = 0 \\
\gamma_6^*[\dfrac{k_r}{\alpha\theta}\overline{F}(\dfrac{k_r}{\alpha\theta p}) - p(1-\alpha\theta)q^*\overline{F}(q^*)] = 0 \\
\gamma_5^* \geqslant 0 \\
\gamma_6^* \geqslant 0
\end{cases}
$$

$$(A-30)$$

为了解决上述问题，本章主要考虑以下四种情形。

情形 1：当 $\gamma_5^* \neq 0$、$\gamma_6^* \neq 0$ 时，可知 $p(1-\alpha\theta)q^*\overline{F}(q^*) - k_r = 0$，$\dfrac{k_r}{\alpha\theta}$ $\overline{F}\left(\dfrac{k_r}{\alpha\theta p}\right) - p(1-\alpha\theta)q^*\overline{F}(q^*) = 0$。在本章的研究中，保险商的保险费率是一个决策变量。然而在情形 1 下保险费率不存在最优解，因此情形 1 不在本章的研究范围内。

情形 2：当 $\gamma_5^* \neq 0$、$\gamma_6^* = 0$ 时，可得 q^* 满足（为了后面便于区分，用 q^a 来代替情形 2 下的 q^*）$p(1-\alpha\theta)q^a\overline{F}(q^a) - k_r = 0$ 以及式（A-31）。

$$
\gamma_3^* = -\frac{\left[\dfrac{(1-\alpha)(p\overline{F}(q^a) - pq^af(q^a))}{\overline{F}(\tilde{x}) - w_i^{ram}q^af(\tilde{x})/(p(1-\alpha\theta))} - c\right]}{p(1-\alpha\theta)[\overline{F}(q^a) - q^af(q^a)]} > 0 \quad (A-31)
$$

根据命题 3-4 可知，在情形 2 下，$k_r = w_i^{ram}q^a$，$p\overline{F}(q^a) - \dfrac{w_i^{ram}\overline{F}(\tilde{x})}{1-\alpha\theta} = 0$。因此，当 α 满足式（A-32）时，零售商的订货量为 q^a。

$$
1 - \alpha < \frac{c[1 - k_r f(0)/(p(1-\alpha\theta))]}{p\overline{F}(q^a) - pq^af(q^a)} \quad (A-32)
$$

本章主要讨论 $k_r < wq$ 的情形。可知情形 2 的解 q^a 不满足条件，因此情形 2 不

在本章的研究范围内。

情形 3：当 $\gamma_5^* = 0$、$\gamma_6^* \neq 0$ 时，可得 q^* 满足（为了便于区分，用 q^d 来代替情形 3 下的 q^*） $\dfrac{k_r}{\alpha\theta}\overline{F}\left(\dfrac{k_r}{\alpha\theta p}\right) - p(1-\alpha\theta)q^d\overline{F}(q^d) = 0$ 以及式（A–33）。

$$\gamma_4^* = \frac{\left[\dfrac{(1-\alpha)\left[p\overline{F}(q^d) - pq^d f(q^d)\right]}{\overline{F}(\tilde{x}) - w_i^{ram}q^d f(\tilde{x})/(p(1-\alpha\theta))} - c\right]}{\alpha\theta p(1-\alpha\theta)\left[\overline{F}(q^d) - q^d f(q^d)\right]} > 0 \qquad (A-33)$$

根据命题 3–4，在情形 3 下，$k_r = \alpha\theta w_i^{ram}q^d$，$p\overline{F}(q^d) - \dfrac{w_i^{ram}\overline{F}(\tilde{x})}{1-\alpha\theta} = 0$。因此，当 α 满足式（A–34）时，零售商的订货量为 q^d。

$$1-\alpha > \frac{c}{p\overline{F}(q^d) - pq^d f(q^d)}\left[\overline{F}\left(\frac{k_r}{\alpha\theta p}\right) - \frac{k_r}{\alpha\theta p(1-\alpha\theta)}f\left(\frac{k_r}{\alpha\theta p}\right)\right]$$
$$(A-34)$$

本章主要讨论 $k_r > \alpha\theta wq$ 的情形。可知情形 3 的解 q^d 不满足条件，因此情形 3 不在本章的研究范围内。

情形 4：当 $\gamma_5^* = 0$、$\gamma_6^* = 0$ 时，可知当 α 满足 $\dfrac{c\left[1 - k_r f(0)/(p(1-\alpha\theta))\right]}{p\overline{F}(q^a) - pq^a f(q^a)} \leqslant$

$1-\alpha \leqslant \dfrac{c}{p\overline{F}(q^d) - pq^d f(q^d)}\left[\overline{F}\left(\dfrac{k_r}{\alpha\theta p}\right) - \dfrac{k_r}{\alpha\theta p(1-\alpha\theta)}f\left(\dfrac{k_r}{\alpha\theta p}\right)\right]$ 时，式（A–35）

成立（为了后面便于区分，用 q_i^{ram} 来代替情形 4 下的 q^*）。

$$(1-\alpha)\frac{p\overline{F}(q_i^{ram}) - pq_i^{ram}f(q_i^{ram})}{\overline{F}(\tilde{x}) - w_i^{ram}q_i^{ram}f(\tilde{x})/(p(1-\alpha\theta))} - c = 0 \qquad (A-35)$$

正如一些学者所述（Kouvelis and Zhao, 2012），$\dfrac{1 - q_i^{ram}z(q_i^{ram})}{1 - w_i^{ram}q_i^{ram}z(\tilde{x})/(p(1-\alpha\theta))}$

是 q_i^{ram} 的减函数。又因为 $\dfrac{\overline{F}(q_i^{ram})}{\overline{F}(\tilde{x})}$ 是 q_i^{ram} 的减函数，因此当给定保险费率 α 时，式（A–36）是 q_i^{ram} 的减函数。

$$(1-\alpha)\frac{p\overline{F}(q_i^{ram}) - pq_i^{ram}f(q_i^{ram})}{\overline{F}(\tilde{x}) - w_i^{ram}q_i^{ram}f(\tilde{x})/(p(1-\alpha\theta))} - c$$

$$= (1-\alpha)\frac{p\overline{F}(q_i^{ram})}{\overline{F}(\tilde{x})}\frac{1-q_i^{ram}z(q_i^{ram})}{1-w_i^{ram}q_i^{ram}z(\tilde{x})/(p(1-\alpha\theta))} - c \quad (A-36)$$

又因为制造商的目标函数是连续且可导的,所以零售商订货量的最优解 q_i^{ram} 在 $\frac{\partial\pi_m^{ram}(q)}{\partial q}=0$ 时取得。因此,当 α 满足式(A-37)时,制造商的最优批发价格 w_i^{ram} 满足式(A-35)。

$$\frac{c[1-k_rf(0)/(p(1-\alpha\theta))]}{p\overline{F}(q^a)-pq^af(q^a)} < 1-\alpha$$

$$< \frac{c}{p\overline{F}(q^d)-pq^df(q^d)}\left[\overline{F}\left(\frac{k_r}{\alpha\theta p}\right)-\frac{k_r}{\alpha\theta p(1-\alpha\theta)}f\left(\frac{k_r}{\alpha\theta p}\right)\right] \quad (A-37)$$

其中,q^a 和 q^d 分别满足 $p(1-\alpha\theta)q^a\overline{F}(q^a)=k_r$ 和 $\frac{k_r}{\alpha\theta}\overline{F}\left(\frac{k_r}{\alpha\theta p}\right)=p(1-\alpha\theta)q^d\overline{F}(q^d)$。证毕。

推论 3-3 的证明

根据命题 3-5,对 w_i^{ram}、q_i^{ram} 求关于 α 的一阶导,可得 $\frac{\partial q_i^{ram}}{\partial\alpha}=\frac{\Theta}{M}$,其中 Θ 满足式(A-38),M 满足式(A-39)。

$$\Theta = \left\{(1-\alpha)\left[2f(\tilde{x})+\frac{w_i^{ram}q_i^{ram}}{p(1-\alpha\theta)}f'(\tilde{x})\right]\frac{w_i^{ram}q_i^{ram}\theta}{p(1-\alpha\theta)^2}\right.$$

$$\left[-\frac{w_i^{ram}q_i^{ram}-k_r}{p(1-\alpha\theta)}f(\tilde{x})+\overline{F}(\tilde{x})\right]\frac{1}{T^2}$$

$$-(1-\alpha)\left[(f(\tilde{x})+\frac{w_i^{ram}q_i^{ram}}{p(1-\alpha\theta)}f'(\tilde{x}))\frac{(w_i^{ram}q_i^{ram}-k_r)\theta}{p(1-\alpha\theta)^2}+\right.$$

$$\left.\frac{w_i^{ram}q_i^{ram}\theta}{p(1-\alpha\theta)^2}f(\tilde{x})\right]\frac{1}{T}+1\right\}[p\overline{F}(q_i^{ram})-pq_i^{ram}f(q_i^{ram})]$$

$$(A-38)$$

$$M = -(1-\alpha)[2pf(q_i^{ram})+pq_i^{ram}f'(q_i^{ram})]T-(1-\alpha)[-pq_i^{ram}f(q_i^{ram})$$

$$+p\overline{F}(q_i^{ram})]\left[\frac{2f(\tilde{x})}{p}+\frac{w_i^{ram}q_i^{ram}f'(\tilde{x})}{p^2(1-\alpha\theta)}\right]\frac{p\overline{F}(q_i^{ram})-pq_i^{ram}f(q_i^{ram})}{-T}$$

$$(A-39)$$

式（A-39）中的 T 满足 $T = \overline{F}(\tilde{x}) - w_i^{ram} q_i^{ram} f(\tilde{x})/(p(1-\alpha\theta))$。根据命题 3-5 可知，$\left. \dfrac{\partial^2 \pi_m^{ram}(q)}{\partial q^2} \right|_{q=q_i^{ram}} = \dfrac{M}{T^2} < 0$，所以 $M < 0$。根据式（A-40）和式（A-41），可知 $\Theta > 0$。

$$\overline{F}(\tilde{x}) - \frac{w_i^{ram} q_i^{ram} - k_r}{p(1-\alpha\theta)} f(\tilde{x}) > \overline{F}(\tilde{x}) - \frac{w_i^{ram} q_i^{ram}}{p(1-\alpha\theta)} f(\tilde{x}) > 0 \tag{A-40}$$

$$\left[2f(\tilde{x}) + \frac{w_i^{ram} q_i^{ram}}{p(1-\alpha\theta)} f'(\tilde{x}) \right] \frac{w_i^{ram} q_i^{ram} \theta}{p(1-\alpha\theta)^2}$$

$$= \left[f(\tilde{x}) + \frac{w_i^{ram} q_i^{ram}}{p(1-\alpha\theta)} f'(\tilde{x}) \right] \frac{w_i^{ram} q_i^{ram} \theta}{p(1-\alpha\theta)^2} + \frac{w_i^{ram} q_i^{ram} \theta}{p(1-\alpha\theta)^2} f(\tilde{x})$$

$$> \left[f(\tilde{x}) + \frac{w_i^{ram} q_i^{ram}}{p(1-\alpha\theta)} f'(\tilde{x}) \right] \frac{(w_i^{ram} q_i^{ram} - k_r)\theta}{p(1-\alpha\theta)^2} + \frac{w_i^{ram} q_i^{ram} \theta}{p(1-\alpha\theta)^2} f(\tilde{x}) \tag{A-41}$$

因此，可得 $\dfrac{\partial q_i^{ram}}{\partial \alpha} < 0$。类似地，可知 $\dfrac{\partial q_i^{ram}}{\partial \theta} = \dfrac{(1-\alpha)\Delta}{M} < 0$，其中 Δ 满足式（A-42）。

$$\Delta = \left[p\overline{F}(q_i^{ram}) - pq_i^{ram} f(q_i^{ram}) \right] \left\{ \left[2f(\tilde{x}) + \frac{w_i^{ram} q_i^{ram}}{p(1-\alpha\theta)} f'(\tilde{x}) \right] \right.$$

$$\left[\overline{F}(\tilde{x}) - \frac{w_i^{ram} q_i^{ram} - k_r}{p(1-\alpha\theta)} f(\tilde{x}) \right] \frac{1}{T^2} \frac{w_i^{ram} q_i^{ram} \alpha}{p(1-\alpha\theta)^2} -$$

$$\left[\left(\frac{w_i^{ram} q_i^{ram}}{p(1-\alpha\theta)} f'(\tilde{x}) + f(\tilde{x}) \right) \frac{(w_i^{ram} q_i^{ram} - k_r)\alpha}{p(1-\alpha\theta)^2} \right.$$

$$\left. \left. + \frac{w_i^{ram} q_i^{ram} \alpha}{p(1-\alpha\theta)^2} f(\tilde{x}) \right] \frac{1}{T} \right\} \tag{A-42}$$

因为 $\overline{F}(\tilde{x}) - \dfrac{(w_i^{ram} q_i^{ram} - k_r)f(\tilde{x})}{p(1-\alpha\theta)} > \overline{F}(\tilde{x}) - \dfrac{w_i^{ram} q_i^{ram} f(\tilde{x})}{p(1-\alpha\theta)}$ 且 $\dfrac{(w_i^{ram} q_i^{ram} - k_r)\theta}{p(1-\alpha\theta)^2} <$

$\dfrac{w_i^{ram} q_i^{ram} \theta}{p(1-\alpha\theta)^2}$，可知式（A-43）成立。

$$\frac{\partial \tilde{x}(q_i^{ram}(w_i^{ram}))}{\partial \alpha} = \frac{\overline{F}(q_i^{ram}) - q_i^{ram} f(q_i^{ram})}{T} \frac{\partial q_i^{ram}}{\partial \alpha} - \frac{w_i^{ram} q_i^{ram} \theta}{p(1-\alpha\theta)^2}$$

$$\left[\overline{F}(\tilde{x}) - \frac{(w_i^{ram} q_i^{ram} - k_r)f(\tilde{x})}{p(1 - \alpha\theta)} \right] \frac{1}{T}$$

$$+ \frac{(w_i^{ram} q_i^{ram} - k_r)\theta}{p(1 - \alpha\theta)^2} < 0 \qquad (A-43)$$

类似地，可得式（A-44）成立。

$$\frac{\partial \tilde{x}(q_i^{ram}(w_i^{ram}))}{\partial \theta} = \frac{\overline{F}(q_i^{ram}) - q_i^{ram} f(q_i^{ram})}{T} \frac{\partial q_i^{ram}}{\partial \theta} - \frac{w_i^{ram} q_i^{ram} \alpha}{p(1 - \alpha\theta)^2}$$

$$\left[\overline{F}(\tilde{x}) - \frac{(w_i^{ram} q_i^{ram} - k_r)f(\tilde{x})}{p(1 - \alpha\theta)} \right] \frac{1}{T}$$

$$+ \frac{(w_i^{ram} q_i^{ram} - k_r)\alpha}{p(1 - \alpha\theta)^2} < 0 \qquad (A-44)$$

证毕。

命题 3-6 的证明

根据前文可知，保险商的期望利润满足式（A-45）。

$$\pi_i^{ram}(\alpha) = \frac{\alpha(wq - k_r)}{1 - \alpha\theta} - \int_0^{\tilde{x}} \left[\frac{wq - k_r}{1 - \alpha\theta} - px \right] f(x) \mathrm{d}x$$

$$= \alpha p \tilde{x} - \int_0^{\tilde{x}} p F(x) \mathrm{d}x \qquad (A-45)$$

对 $\pi_i^{ram}(\alpha)$ 求关于 α 的一阶导，可得式（A-46）。

$$\frac{\partial \pi_i^{ram}(\alpha)}{\partial \alpha} = \frac{w_i^{ram} q_i^{ram} - k_r}{1 - \alpha\theta} + \frac{\alpha - F(\tilde{x})}{1 - \alpha\theta} \left[\frac{\partial w_i^{ram}}{\partial \alpha} q_i^{ram} + \frac{\partial q_i^{ram}}{\partial \alpha} w_i^{ram} \right]$$

$$+ \left[\alpha - F(\tilde{x}) \right] \frac{(w_i^{ram} q_i^{ram} - k_r)\theta}{(1 - \alpha\theta)^2} \qquad (A-46)$$

根据推论 3-3，可知 $\frac{\partial q_i^{ram}}{\partial \alpha} = \frac{\Theta}{M} < 0$。参考一些学者的分析（Wu et al.，2019），因为保险商的利润函数是连续且可导的，因此最优的保险费率取边界值或一阶导为 0 时的值。根据命题 3-5 可知，保险费率的可行域满足式（A-47）。

$$\frac{c[1 - k_r f(0)/(p(1 - \alpha\theta))]}{p\overline{F}(q^a) - pq^a f(q^a)} < 1 - \alpha$$

$$< \frac{c}{p\overline{F}(q^d) - pq^df(q^d)} \left[\overline{F}\left(\frac{k_r}{\alpha\theta p}\right) - \frac{k_r}{\alpha\theta p(1-\alpha\theta)}f\left(\frac{k_r}{\alpha\theta p}\right) \right] \quad (\text{A}-47)$$

因此，当最优的保险费率取边界值时，最优的保险费率 α_{n1}^{ram} 和 α_{n2}^{ram} 分别满足式（A-48）和式（A-49）。

$$1 - \alpha_{n1}^{ram} = \frac{c[1 - k_rf(0)/(p(1-\alpha_{n1}^{ram}\theta))]}{p\overline{F}(q^a) - pq^af(q^a)} \quad (\text{A}-48)$$

$$1 - \alpha_{n2}^{ram} = \frac{c}{p\overline{F}(q^d) - pq^df(q^d)} \left[\overline{F}\left(\frac{k_r}{\alpha_{n2}^{ram}\theta p}\right) - \frac{k_rf(k_r/(\alpha_{n2}^{ram}\theta p))}{\alpha_{n2}^{ram}\theta p(1-\alpha_{n2}^{ram}\theta)} \right]$$

$$(\text{A}-49)$$

式（A-48）和式（A-49）中的 q^a、q^d 分别满足 $p(1-\alpha\theta)q^a\overline{F}(q^a) = k_r$ 和 $\frac{k_r}{\alpha\theta}\overline{F}\left(\frac{k_r}{\alpha\theta p}\right) = p(1-\alpha\theta)q^d\overline{F}(q^d)$。当最优的保险费率在一阶导为零时取得，最优的保险费率为 α_n^{ram}，且满足式（A-50）。

$$\frac{w_i^{ram}q_i^{ram} - k_r}{1 - \alpha_n^{ram}\theta} + \frac{\Gamma[\alpha_n^{ram} - F(\tilde{x})]}{1 - \alpha_n^{ram}\theta} + \frac{(w_i^{ram}q_i^{ram} - k_r)\theta[\alpha_n^{ram} - F(\tilde{x})]}{(1 - \alpha_n^{ram}\theta)^2} = 0$$

$$(\text{A}-50)$$

式（A-50）中的 Γ 满足式（A-51）。

$$\Gamma = \frac{1 - \alpha_n^{ram}\theta}{T} \left\{ [p\overline{F}(q_i^{ram}) - pq_i^{ram}f(q_i^{ram})]\frac{\Theta}{M} - \frac{w_i^{ram}q_i^{ram}\theta}{(1 - \alpha_n^{ram}\theta)^2} \right.$$

$$\left. \left[\overline{F}(\tilde{x}) - \frac{(w_i^{ram}q_i^{ram} - k_r)}{p(1 - \alpha_n^{ram}\theta)}f(\tilde{x}) \right] \right\} \quad (\text{A}-51)$$

证毕。

命题 3-7 的证明

该证明类似命题 3-3 的证明，因此省略这部分证明。

定理 3-1 的证明

（1）①因为 $p\overline{F}(q^n) - w^n\overline{F}(\hat{x}) = 0$，$p\overline{F}(q_i^m) - w_i^m\overline{F}(\hat{x}) = 0$，所以当 $q_i^m(w_i^m) = q^n(w^n)$ 时，可得 $w_i^m = w^n$。可知式（A-52）成立。

$$\frac{\partial\pi_m^m(q_i^m)}{\partial q_i^m}\Big|_{q_i^m(w_i^m) = q^n(w^n)}$$

$$= (1 - \alpha_n^m) \frac{p\overline{F}(q^n) - pq^n f(q^n)}{\overline{F}(\hat{x}) - w^n q^n f(\hat{x})/p} - c$$

$$= \frac{(1 - \alpha_n^m)c}{\overline{F}(\hat{x}(q^n(w^n)))} \left[1 + (\lambda - 1)F(\vec{x}(q^n(w^n))) - \frac{\overline{F}(\hat{x}(q^n(w^n)))}{1 - \alpha_n^m} \right]$$

$$(A - 52)$$

当式（A-53）成立时，可知 $q_i^m \geqslant q^n$。

$$1 + (\lambda - 1)F(\vec{x}(q^n(w^n))) - \frac{\overline{F}(\hat{x}(q^n(w^n)))}{1 - \alpha_n^m} \geqslant 0 \qquad (A - 53)$$

类似地，当式（A-53）成立时，可得 $w_i^m \leqslant w^n$。

②根据前文，可知 $\hat{x}(q_i^m(w^n)) = \dfrac{w^n q_i^m(w^n) - k_r}{p}$，$\hat{x}(q^n(w^n)) = \dfrac{w^n q^n(w^n) - k_r}{p}$。

根据推论 3-2，可知 $\dfrac{\partial \tilde{x}(q_i^{ram}(w))}{\partial w} < 0$。当式（A-53）成立时，$w_i^m \leqslant w^n$。因此，当式（A-53）成立时，可知式（A-54）成立。

$$\hat{x}(q_i^m(w_i^m)) > \hat{x}(q_i^m(w^n)) = \hat{x}(q^n(w^n)) > 0 \qquad (A - 54)$$

③当制造商独自购买信用保险时，零售商的期望利润满足式（A-55）。

$$\pi_r^m(q) = pq - wq - \int_{\hat{x}}^{q} pF(x)\,\mathrm{d}x \qquad (A - 55)$$

在无信用保险的供应链中，零售商的期望利润满足式（A-56）。

$$\pi_r^n(q) = pq - wq - \int_{\hat{x}}^{q} pF(x)\,\mathrm{d}x \qquad (A - 56)$$

根据命题 3-1 可知，$p\overline{F}(q_i^m) - w_i^m \overline{F}(\hat{x}) = 0$，$p\overline{F}(q^n) - w^n \overline{F}(\hat{x}) = 0$。当式（A-53）成立时，可知 $q_i^m(w_i^m) \geqslant q^n(w^n)$，$w_i^m \leqslant w^n$。在推论 3-2 中，可知 $\dfrac{\partial \pi_r^m(q_i^m(w))}{\partial w} = -q_i^m \overline{F}(\hat{x}) < 0$，$\dfrac{\partial \pi_r^n(q^n(w))}{\partial w} = -q^n \overline{F}(\hat{x}) < 0$。因此，可知 $\pi_r^m(q_i^m(w_i^m)) \geqslant \pi_r^n(q^n(w^n))$。

④当制造商独自购买信用保险时，制造商的期望利润满足式（A-57）。

$$\pi_m^m(w) = wq - cq - \alpha(wq - k_r) = wq - cq - \alpha p\hat{x} \qquad (A - 57)$$

在没有信用保险的供应链中，制造商的期望效用满足式（A-58）。

$$\pi_m^n(w) = wq - cq - \int_0^{\hat{x}} pF(x)\,\mathrm{d}x - (\lambda - 1)\int_0^{\vec{x}} pF(x)\,\mathrm{d}x \quad (\mathrm{A}-58)$$

当 $1 - \alpha_n^m + (1 - \alpha_n^m)(\lambda - 1)F(\vec{x}(q^n(w^n))) - \overline{F}(\hat{x}(q^n(w^n))) \geqslant 0$ 时，

$q_i^m \geqslant q^n$，$w_i^m \leqslant w^n$。此外，$q_i^m(w^n) = q^n(w^n)$。因此当 $\alpha_n^m \hat{x}(q^n(w^n)) \leqslant \int_0^{\hat{x}(q^n(w^n))}$

$F(x)\,\mathrm{d}x + (\lambda - 1)\int_0^{\vec{x}(q^n(w^n))} F(x)\,\mathrm{d}x$ 时，可知 $\pi_m^m(q_i^m(w_i^m)) \geqslant \pi_m^m(q_i^m(w^n)) \geqslant$

$\pi_m^n(q^n(w^n))$。

$\overline{F}(\hat{x}(q^n(w^n))) \leqslant 1 - \alpha_n^m + (1 - \alpha_n^m)(\lambda - 1)F(\vec{x}(q^n(w^n)))$ 可以转换为

$\alpha_n^m \hat{x}(q^n(w^n)) \leqslant (1 - \alpha_n^m)(\lambda - 1)F(\vec{x}(q^n(w^n)))\hat{x}(q^n(w^n)) + \hat{x}(q^n(w^n))F(\hat{x}$

$(q^n(w^n)))$。根据命题 3-5 可知，制造商的最优批发价格满足式（A-59）。

$$(1 - \alpha_n^{ram})\frac{p\overline{F}(q_i^{ram}) - pq_i^{ram}f(q_i^{ram})}{\overline{F}(\tilde{x}) - w_i^{ram}q_i^{ram}f(\tilde{x})/(p(1 - \alpha_n^{ram}\theta))} - c = 0 \quad (\mathrm{A}-59)$$

通过简单换算，式（A-59）可以简化为式（A-60）。

$$(1 - \alpha_n^{ram})\frac{w_i^{ram}}{1 - \alpha_n^{ram}\theta}\frac{1 - q_i^{ram}z(q_i^{ram})}{1 - w_i^{ram}q_i^{ram}z(\tilde{x})/(p(1 - \alpha_n^{ram}\theta))} - c = 0$$

$$(\mathrm{A}-60)$$

由命题 3-4 可知，$p\overline{F}(q_i^{ram}) - w_i^{ram}\overline{F}(\tilde{x})/(1 - \alpha\theta) = 0$。又因为 $q_i^{ram} \geqslant$

$\tilde{x}(q_i^{ram})$，可得式（A-61）。

$$\frac{w_i^{ram}}{p(1 - \alpha\theta)} = \frac{\overline{F}(q_i^{ram})}{\overline{F}(\tilde{x}(q_i^{ram}))} \leqslant 1 \quad (\mathrm{A}-61)$$

因为 $z(x)$ 是 x 的递增函数，所以 $z(\tilde{x}(q_i^{ram})) < z(q_i^{ram})$，进一步可得

$w_i^{ram}z(\tilde{x}(q_i^{ram})) < p(1 - \alpha\theta)z(q_i^{ram})$。可知式（A-62）成立。

$$\frac{1 - q_i^{ram}z(q_i^{ram})}{1 - w_i^{ram}q_i^{ram}z(\tilde{x})/(p(1 - \alpha\theta))} < 1 \quad (\mathrm{A}-62)$$

因此，可得 $\frac{1 - \alpha_n^{ram}}{1 - \alpha_n^{ram}\theta}w_i^{ram} > c$。由命题 3-5 可知 $(1 - \alpha_n^m)w^n > (1 - \alpha_n^m)$

$w_i^m > c$，$(1 - \alpha_n^m)(w^nq^n - k_r)/p > [cq^n - k_r(1 - \alpha_n^m)]/p > (cq^n - k_r)/p$，可知式

（A-63）成立。

$$(1 - \alpha_n^m) w_i^m \frac{1 - q_i^m z(q_i^m)}{1 - w_i^m q_i^m z(\hat{x})/p} - c = 0 \qquad (A-63)$$

又因为 $\vec{x}(q^n(w^n)) = \dfrac{cq^n - k_r}{p}$，可知式（A-64）成立。

$$\hat{x}(q^n(w^n))F(\hat{x}(q^n(w^n))) + (1 - \alpha_n^m)(\lambda - 1)\hat{x}(q^n(w^n))F(\vec{x}(q^n(w^n))) >$$

$$\int_0^{\hat{x}(q^n(w^n))} F(x)\mathrm{d}x + (\lambda - 1)\int_0^{\vec{x}(q^n(w^n))} F(x)\mathrm{d}x$$

$$(A-64)$$

因此，当 $\alpha_n^m \hat{x}(q^n(w^n)) \leqslant \int_0^{\hat{x}(q^n(w^n))} F(x)\mathrm{d}x + (\lambda - 1)\int_0^{\vec{x}(q^n(w^n))} F(x)\mathrm{d}x$ 时，可得 $q_i^m \geqslant q^n$，$\pi_m(q_i^m(w_i^m)) \geqslant \pi_m^n(q^n(w^n))$。

（2）①根据命题 3-5 可得式（A-65）。

$$\frac{\partial \pi_m^{ram}(q_i^{ram})}{\partial q_i^{ram}} = \frac{(1 - \alpha_n^{ram})[p\overline{F}(q_i^{ram}) - pq_i^{ram}f(q_i^{ram})]}{\overline{F}(\tilde{x}) - w_i^{ram}q_i^{ram}f(\tilde{x})/(p(1 - \alpha_n^{ram}\theta))} - c \qquad (A-65)$$

假设 $\alpha_n^{ram} \leqslant \alpha_n^m$。根据该假设及推论 3-3 可知 $\dfrac{\partial q_i^{ram}(w_i^{ram})}{\partial \alpha} < 0$，所以 $q_i^{ram} \geqslant q_i^m$。给定保险费率 α，有 $\dfrac{\partial q_i^{ram}(w_i^{ram})}{\partial \theta} < 0$。所以当 $\alpha_n^{ram} = \alpha_n^m$ 时，$q_i^{ram} < q_i^m$。该结果与前面的结果正好相反，所以假设不成立，同时可得 $\alpha_n^{ram} > \alpha_n^m$ 且 $q_i^{ram} < q_i^m$。

②根据前文，可知 $q_i^m(\alpha_n^m) > q_i^{ram}(\alpha_n^{ram})$，$\alpha_n^m < \alpha_n^{ram}$。根据推论 3-3，给定保险费率 α，有 $\dfrac{\partial q_i^{ram}(w_i^{ram})}{\partial \theta} < 0$，所以可得 $q_i^m(\alpha_n^{ram}) > q_i^{ram}(\alpha_n^{ram})$，$q_i^m(1) = 0$。推论 3-3 表明存在唯一的 $\alpha_3 \in (\alpha_n^{ram}, 1)$ 满足 $q_i^m(\alpha_3) = q_i^{ram}(\alpha_n^{ram})$。此外，根据命题 3-5 可知式（A-66）成立。

$$(1 - \alpha_n^{ram})\frac{p\overline{F}(q_i^{ram}) - pq_i^{ram}f(q_i^{ram})}{\overline{F}(\tilde{x}) - w_i^{ram}q_i^{ram}f(\tilde{x})/(p(1 - \alpha_n^{ram}\theta))} - c = 0 \qquad (A-66)$$

对式（A-66）进行简单换算，可知式（A-67）成立。

$$\frac{1-\alpha_3}{\overline{F}(\hat{x}) - w_i^m q_i^m f(\hat{x})/p} = \frac{1-\alpha_n^{ram}}{\overline{F}(\tilde{x}) - w_i^{ram} q_i^{ram} f(\tilde{x})/(p(1-\alpha_n^{ram}\theta))}$$

$$(A-67)$$

又 因 为 $1 - \alpha_3 < 1 - \alpha_n^{ram}$ 且 $\overline{F}(\hat{x})\left[1 - \frac{w_i^m q_i^m}{p}z(\hat{x})\right] < \overline{F}(\tilde{x})$

$\left[1 - \frac{w_i^{ram} q_i^{ram}}{p(1-\alpha_n^{ram}\theta)}z(\tilde{x})\right]$, 所以假设 $\hat{x}(q_i^m(\alpha_3)) = \frac{w_i^m q_i^m - k_r}{p} \leqslant \tilde{x}(q_i^{ram}(\alpha_n^{ram})) =$

$\frac{w_i^{ram} q_i^{ram} - k_r}{p(1-\alpha_n^{ram}\theta)}$ 时, 可得 $\overline{F}(\hat{x}(q_i^m(\alpha_3))) \geqslant \overline{F}(\tilde{x}(q_i^{ram}(\alpha_n^{ram})))$ 且 $z(\hat{x}(q_i^m(\alpha_3)))$

$\leqslant z(\tilde{x}(q_i^{ram}(\alpha_n^{ram})))$。 由于 $w_i^m \overline{F}(\hat{x}(q_i^m(\alpha_3))) = \frac{w_i^{ram}}{1-\alpha_n^{ram}\theta}\overline{F}(\tilde{x}(q_i^{ram}(\alpha_n^{ram})))$

且 $w_i^m \leqslant \frac{w_i^{ram}}{1-\alpha_n^{ram}\theta}$, 可知式 (A-68) 成立。

$$\overline{F}(\hat{x})\left[1 - \frac{w_i^m q_i^m}{p}z(\hat{x})\right] \geqslant \overline{F}(\tilde{x})\left[1 - \frac{w_i^{ram} q_i^{ram}}{p(1-\alpha_n^{ram}\theta)}z(\tilde{x})\right] \quad (A-68)$$

该结果与之前结果相反, 因此假设不成立, 同时可知式 (A-69) 成立。

$$\hat{x}(q_i^m(\alpha_3)) = \frac{w_i^m q_i^m - k_r}{p} > \tilde{x}(q_i^{ram}(\alpha_n^{ram})) = \frac{w_i^{ram} q_i^{ram} - k_r}{p(1-\alpha_n^{ram}\theta)} \quad (A-69)$$

当制造商和零售商共同购买信用保险时, 制造商的期望利润满足式 (A-70)。

$$\pi_m^{ram}(w) = wq - cq - \frac{\alpha(1-\theta)(wq-k_r)}{1-\alpha\theta} = (1-\alpha)p\tilde{x} - cq + k_r \quad (A-70)$$

当制造商独自购买信用保险时, 制造商的期望利润满足式 (A-71)。

$$\pi_m^m(w) = wq - cq - \alpha(wq - k_r) = (1-\alpha)p\hat{x} - cq + k_r \quad (A-71)$$

根据推论 3-3 可知, q 和 $\tilde{x}$ 都是 α 的减函数。根据式 (A-72), 可知 $p\tilde{x} - cq + k_r$ 是 α 的减函数。

$$p\frac{\partial \tilde{x}}{\partial \alpha} - c\frac{\partial q}{\partial \alpha} = \left[\frac{p\overline{F}(q) - pq f(q)}{\overline{F}(\tilde{x}) - \frac{wq}{p(1-\alpha\theta)}f(\tilde{x})} - c\right]\frac{\partial q}{\partial \alpha} + \frac{\theta(wq-k_r)}{(1-\alpha\theta)^2}$$

$$-\frac{\theta wq}{(1-\alpha\theta)^2}\frac{\overline{F}(\tilde{x})-(wq-k_r)f(\tilde{x})/(p(1-\alpha\theta))}{\overline{F}(\tilde{x})-wqf(\tilde{x})/(p(1-\alpha\theta))}$$

$$<0 \qquad\qquad (A-72)$$

因为 $(1-\alpha_n^m)p\hat{x}(\alpha_3)-cq(\alpha_3)+\alpha_n^m cq(\alpha_3)+k_r<(1-\alpha_n^m)p\hat{x}(\alpha_n^m)-cq(\alpha_n^m)+\alpha_n^m cq(\alpha_n^m)+k_r$，可知式（A-73）成立，因此 $\pi_m^m(q_i^{ram}(\alpha_n^{ram}))\leqslant\pi_m^m(q_i^m(\alpha_n^m))$。

$$(1-\alpha_n^{ram})p\tilde{x}(\alpha_n^{ram})-cq(\alpha_n^{ram})+k_r<(1-\alpha_n^{ram})p\hat{x}(\alpha_3)-cq(\alpha_3)+k_r$$

$$<(1-\alpha_n^m)p\hat{x}(\alpha_3)-cq(\alpha_3)+k_r<(1-\alpha_n^m)p\hat{x}(\alpha_n^m)-cq(\alpha_n^m)+k_r$$

$$(A-73)$$

③根据前文可知 $q_i^m(\alpha_n^m)>q_i^{ram}(\alpha_n^{ram})$，$\alpha_n^m<\alpha_n^{ram}$。根据推论 3-3，给定保险费率 α，有 $\frac{\partial q_i^{ram}}{\partial\theta}<0$，所以 $q_i^m(\alpha_n^m)>q_i^{ram}(\alpha_n^m)$。当 $\alpha=0$ 时，当零售商和制造商共同购买信用保险时，零售商的订货量满足 $p\overline{F}(q_i^{ram})-w_i^{ram}\overline{F}(\hat{x})=0$；制造商的批发价格满足式（A-74）。

$$\frac{p\overline{F}(q_i^{ram})-pq_i^{ram}f(q_i^{ram})}{\overline{F}(\hat{x})-w_i^{ram}q_i^{ram}f(\hat{x})/p}-c=0 \qquad (A-74)$$

当 $\alpha=0$ 时，当制造商独自购买信用保险时，零售商的订货量满足 $p\overline{F}(q_i^m)-w_i^m\overline{F}(\hat{x})=0$；制造商的批发价格满足式（A-75）。

$$\frac{p\overline{F}(q_i^m)-pq_i^m f(q_i^m)}{\overline{F}(\hat{x})-w_i^m q_i^m f(\hat{x})/p}-c=0 \qquad (A-75)$$

根据命题 3-5 可知，$\frac{p\overline{F}(q_i^m)-pq_i^m f(q_i^m)}{\overline{F}(\hat{x})-w_i^m q_i^m f(\hat{x})/p}$ 是 q_i^m 的减函数，可得 $q_i^m(\alpha_n^m)<q_i^{ram}(0)$。推论 3-3 表明存在唯一的 $\alpha_4\in(0,\alpha_n^m)$ 满足 $q_i^m(\alpha_n^m)=q_i^{ram}(\alpha_4)$，因此可得 $\hat{x}(q_i^m(\alpha_n^m))>\tilde{x}(q_i^{ram}(\alpha_4))$。当零售商和制造商共同购买信用保险时，零售商的期望利润满足式（A-76）。

$$\pi_r^{ram}(q)=pq-wq-\frac{\alpha\theta(wq-k_r)}{1-\alpha\theta}-\int_{\tilde{x}}^{q}pF(x)\mathrm{d}x$$

$$= pE[\min(x,q)] - pE[\min(x,\tilde{x})] - k_r \qquad (A-76)$$

当制造商独自购买信用保险时，零售商的期望利润满足式（A-77）。

$$\pi_r^m(q) = pq - wq - \int_{\hat{x}}^{q} pF(x)\,\mathrm{d}x$$

$$= pE[\min(x,q)] - pE[\min(x,\hat{x})] - k_r \qquad (A-77)$$

可得 $\pi_r^{ram}(q_i^{ram}(\alpha_4)) > \pi_r^m(q_i^m(\alpha_n^m))$，所以式（A-78）成立。

$$\pi_r^{ram}(q_i^{ram}(\alpha_n^{ram})) \geqslant \pi_r^{ram}(q_i^{ram}(\alpha_4)) > \pi_r^m(q_i^m(\alpha_n^m)) \qquad (A-78)$$

④根据推论 3-3 可知，$\dfrac{\partial \tilde{x}(q_i^{ram}(\alpha_n^{ram}))}{\partial \alpha} < 0$ 且 $\alpha_3 > \alpha_n^m$，所以式（A-79）

成立，进一步可知 $\hat{x}(q_i^m(\alpha_n^m)) > \tilde{x}(q_i^{ram}(\alpha_n^{ram}))$ 成立。

$$\hat{x}(q_i^m(\alpha_n^m)) = \frac{w_i^m q_i^m - k_r}{p} \geqslant \hat{x}(q_i^m(\alpha_3)) = \frac{w_i^m q_i^m - k_r}{p}$$

$$> \tilde{x}(q_i^{ram}(\alpha_n^{ram})) = \frac{w_i^{ram} q_i^{ram} - k_r}{p(1 - \alpha_n^{ram}\theta)} \qquad (A-79)$$

证毕。

推论 3-4 的证明

该证明类似定理 3-1，因此省略该部分证明。

定理 3-2 的证明

在有信用保险的供应链中，整体供应链的订货量 q_i^c 满足 $p\bar{F}(q_i^c) = c$。在没有信用保险的供应链中，整体供应链的订货量 q_n^c 满足 $p\bar{F}(q_n^c) = c + (\lambda - 1)$ $cF(\vec{x})$。因此可知 $q_i^c > q_n^c$。证毕。

定理 3-3 的证明

根据命题 3-7 可知，整体供应链的订货量 q_i^c 满足 $p\bar{F}(q_i^c) = c$。当零售商和制造商共同购买信用保险时，零售商的订货量满足 $p\bar{F}(q_i^{ram}) - \dfrac{w\bar{F}(\tilde{x})}{1-\alpha\theta} = 0$。这表明对零售商而言，额外一单位产品产生的边际收益 $p\bar{F}(q_i^{ram})$ 等于额外一单位产品产生的边际成本 $\dfrac{w\bar{F}(\tilde{x})}{1-\alpha\theta}$。此外，由于零售商的边际成本

$\dfrac{w\overline{F}(\tilde{x})}{1-\alpha\theta}$ 高于制造商的单位产品生产成本 c，即 $\dfrac{w\overline{F}(\tilde{x})}{1-\alpha\theta} > c$，可得 $q_i^{ram} < q_i^m <$

q_i^c。又因为 $pq - cq - \displaystyle\int_0^q pF(x)\mathrm{d}x$ 是 q 的凹函数，且 q_i^c 是最优订货量，所以可

得 $\prod_i^{ram}(q_i^{ram}) < \prod_i^m(q_i^m)$。

根据命题 3－5 的证明，可知 $\pi_m^{ram}(q_m^{ram}(w_m^{ram})) > 0$。这表明制造商一直能获得正的利润。此外，保险商作为双层斯坦伯格博弈的领导者也享有正的利润，因此供应链不能实现完全协调。证毕。

定理 3－4 的证明

该证明类似定理 3－1，因此省略该部分证明。

定理 3－5 的证明

当保险商作为双层斯坦伯格博弈的追随者时，保险商的利润满足式（A－80）。

$$\pi_i^{ram}(\alpha) = \frac{\alpha(wq - k_r)}{1-\alpha\theta} - \int_0^{\tilde{x}}\left[\frac{wq - k_r}{1-\alpha\theta} - px\right]f(x)\,\mathrm{d}x$$
$$= \alpha p\tilde{x} - \int_0^{\tilde{x}} pF(x)\,\mathrm{d}x \qquad (A-80)$$

对 $\pi_i^{ram}(\alpha)$ 求关于 α 的一阶导，可得式（A－81）。

$$\frac{\partial\,\pi_i^{ram}(\alpha)}{\partial\alpha} = \frac{[1-\theta F(\tilde{x})]p\tilde{x}}{1-\alpha\theta} > 0 \qquad (A-81)$$

根据式（A－81），可知保险商的最优保险费率为 $\acute{\alpha}_n^{ram} = \dfrac{k_r}{\theta wq}$。根据前文可知，零售商的期望利润满足式（A－82）。

$$\pi_r^{ram}(q) = pq - wq - \frac{\alpha\theta(wq - k_r)}{1-\alpha\theta} - \int_{\tilde{x}}^q pF(x)\,\mathrm{d}x \qquad (A-82)$$

很容易知道零售商的订货量 $\acute{q}_i^{ram}$ 满足 $p\overline{F}(\acute{q}_i^{ram}) = w\overline{F}(\tilde{x})$。根据前文可知，制造商的利润满足式（A－83）。

$$\pi_m^{ram}(w) = wq - cq - \frac{\alpha(1-\theta)(wq - k_r)}{1-\alpha\theta} = \frac{\theta(wq + k_r) - k_r}{\theta} - cq$$

$$(A-83)$$

通过简单的推导计算，可知制造商的最优批发价格满足式（A-84）。

$$\acute{q}_i^{\,ram} - (\hat{w}_i^{\,ram} - c)\frac{\overline{F}(\hat{w}_i^{\,ram}\acute{q}_i^{\,ram}/p) - \hat{w}_i^{\,ram}\acute{q}_i^{\,ram}f(\hat{w}_i^{\,ram}\acute{q}_i^{\,ram}/p)/p}{pf(\acute{q}_i^{\,ram}) - (\hat{w}_i^{\,ram})^2 f(\hat{w}_i^{\,ram}\acute{q}_i^{\,ram}/p)/p} = 0$$

$$(A-84)$$

与定理 3-1 的证明类似，可知 $q_i^{ram} < \acute{q}_i^{\,ram}$。由于保险商在双层斯坦伯格博弈中扮演追随者的角色，因此供应链的整体利润满足式（A-85）。

$$\prod_i^{ram}(q) = pq - wq - \frac{\alpha\theta(wq - k_r)}{1 - \alpha\theta} - \int_{\tilde{x}}^{q} pF(x)\,\mathrm{d}x - \frac{\alpha(1 - \theta)(wq - k_r)}{1 - \alpha\theta}$$

$$+ wq - cq + \frac{\alpha(wq - k_r)}{1 - \alpha\theta} - \int_0^{\tilde{x}} pF(x)\,\mathrm{d}x$$

$$= pq - cq - \int_0^q pF(x)\,\mathrm{d}x \qquad (A-85)$$

根据定理 3-3 的证明，可得 $\acute{q}_i^{\,ram} < q_i^c$，进一步可知 $q_i^{ram} < \acute{q}_i^{\,ram} < q_i^c$。又因为 $pq - cq - \int_0^q pF(x)\,\mathrm{d}x$ 是 q 的凹函数，且 q_i^c 是最优解，所以可知 $\acute{\prod}_i^{ram} > \prod_i^{ram}$。证毕。

附录 B

命题 4 - 1 的证明

根据式（4 - 2），在没有信用保险的情形下，零售商的期望利润为 $\pi_r^n(q) = pq - wq - \int_{\tilde{x}}^{q} pF(x)\mathrm{d}x$。对 $\pi_r^n(q)$ 求关于 q 的一阶导，可得式（B - 1）。

$$\frac{\partial \pi_r^n(q)}{\partial q} = p\overline{F}(q) - w\overline{F}(\tilde{x}) \qquad (B-1)$$

当 $\dfrac{\partial \pi_r^n(q)}{\partial q} = p\overline{F}(q) - w\overline{F}(\tilde{x}) \geq 0$ 时，可知 $\dfrac{w}{p} \leq \dfrac{\overline{F}(q)}{\overline{F}(\tilde{x})}$。对 $\pi_r^n(q)$ 求关于 q 的二阶导，可得式（B - 2）。

$$\frac{\partial^2 \pi_r^n(q)}{\partial q^2} = -pf(q) + \frac{w^2 f(\tilde{x})}{p} \leq -pf(q) + \frac{w\overline{F}(q)f(\tilde{x})}{\overline{F}(\tilde{x})}$$
$$= -\overline{F}(q)\left[\frac{pf(q)}{\overline{F}(q)} - \frac{wf(\tilde{x})}{\overline{F}(\tilde{x})}\right] \qquad (B-2)$$

显而易见的是，零售商的订货量不小于零售商的破产临界点，即 $q \geq \tilde{x}$，否则零售商不会和制造商进行任何交易。因此可知 $\dfrac{w}{p} \leq \dfrac{\overline{F}(q)}{\overline{F}(\tilde{x})} \leq 1$。因为 $\dfrac{f(x)}{\overline{F}(x)}$ 是 x 的增函数，即 $\dfrac{f(q)}{\overline{F}(q)} \geq \dfrac{f(\tilde{x})}{\overline{F}(\tilde{x})}$，可得 $\dfrac{pf(q)}{\overline{F}(q)} \geq \dfrac{wf(\tilde{x})}{\overline{F}(\tilde{x})}$。由于零售商的利润函数是连续且可导的，所以当 $\dfrac{\partial \pi_r^n(q)}{\partial q} = p\overline{F}(q) - w\overline{F}(\tilde{x}) \geq 0$ 时，可得 $\dfrac{\partial^2 \pi_r^n(q)}{\partial q^2} \leq 0$。因此，零售商的最优订货量 q_r^n 满足 $p\overline{F}(q_r^n) - w\overline{F}(\tilde{x}) = 0$。证毕。

引理 4-1 的证明

根据引理 4-1 上面的分析，很容易证明引理 4-1，因此省略此证明。

命题 4-2 的证明

根据 $p\overline{F}(q_r^n)=w\overline{F}(\tilde{x})$，可知 w 和 $q_r^n(w)$ 存在一一对应关系。由于 $w(q_r^n)$ 是 $q_r^n(w)$ 的反函数，所以在求制造商最优批发价格的过程中让 $q_r^n(w)$ 代替 $w_r^n(q)$。根据命题 4-1，零售商的最优订货量 q^n 满足 $p\overline{F}(q_r^n)-w\overline{F}(\tilde{x})=0$。因此，可将此转换为制造商的最优批发价格满足 $p\overline{F}(q)-w_r^n\overline{F}(\tilde{x})=0$。接下来求解制造商效用最大化情形下的最优订货量。根据前文可知，制造商的效用函数满足式（B-3）。

$$U_o^n(q)=wq-cq-\int_0^{\bar{x}}pF(x)\mathrm{d}x-(\lambda-1)\int_0^{\hat{x}}pF(x)\mathrm{d}x \qquad (\text{B}-3)$$

对 $U_o^n(q)$ 求关于 q 的一阶导，可得式（B-4）。

$$\begin{aligned}\frac{\partial U_o^n(q)}{\partial q}&=\overline{F}(\tilde{x})\frac{p\overline{F}(q)-pqf(q)}{\overline{F}(\tilde{x})-f(\tilde{x})w_r^n q/p}-[(\lambda-1)F(\hat{x})+1]c\\&=p\overline{F}(q)\frac{1-qz(q)}{1-z(\tilde{x})w_r^n q/p}-[(\lambda-1)F(\hat{x})+1]c\end{aligned} \qquad (\text{B}-4)$$

正如一些学者所述（Kouvelis and Zhao，2012），$\dfrac{1-qz(q)}{1-w_r^n qz(\tilde{x})/p}$ 是 q 的减函数。可得式（B-5）是 q 的减函数，因此可知 $\dfrac{\partial^2 U_o^n(q)}{\partial q^2}<0$。

$$\overline{F}(\tilde{x})\frac{p\overline{F}(q)-pqf(q)}{\overline{F}(\tilde{x})-f(\tilde{x})w_r^n q/p}-[(\lambda-1)F(\hat{x})+1]c \qquad (\text{B}-5)$$

所以，零售商的最优订货量 q_r^n 满足式（B-6）。

$$\overline{F}(\tilde{x})\frac{p\overline{F}(q_r^n)-pq_r^n f(q_r^n)}{\overline{F}(\tilde{x})-f(\tilde{x})w_r^n q_r^n/p}=[(\lambda-1)F(\hat{x})+1]c \qquad (\text{B}-6)$$

因此，零售商的最优订货量 q^n 满足 $p\overline{F}(q_r^n)-w\overline{F}(\tilde{x})=0$；制造商的最优批发价格 w_r^n 满足式（B-6）。证毕。

命题 4 – 3 的证明

根据式（4 – 5），对 $U_s^n(q)$ 求关于 q 的一阶导，可得式（B – 7）。

$$\frac{\partial U_s^n(q)}{\partial q} = p\overline{F}(q) - c[1 + (\lambda - 1)F(\hat{x})] \qquad (B - 7)$$

对 $U_s^n(q)$ 求关于 q 的二阶导，可得式（B – 8）。

$$\frac{\partial^2 U_s^n(q)}{\partial q^2} = -pf(q) - c^2(\lambda - 1)f(\hat{x})/p < 0 \qquad (B - 8)$$

因此，整体供应链的最优订货量 q_s^n 满足 $p\overline{F}(q_s^n) = c[1 + (\lambda - 1)F(\hat{x})]$。证毕。

命题 4 – 4 的证明

该证明类似命题 4 – 1，因此省略该证明。

引理 4 – 2 的证明

对 $q\overline{F}(q)$ 求关于 q 的一阶导，可得式（B – 9）。

$$\frac{d(q\overline{F}(q))}{dq} = \overline{F}(q)\left[1 - \frac{qf(q)}{\overline{F}(q)}\right] = \overline{F}(q)[1 - qz(q)] \qquad (B - 9)$$

因为 $z(q)$ 是 q 的增函数，所以当 $q < \tilde{q}$ 时，$\frac{d(q\overline{F}(q))}{dq} > 0$；当 $q > \tilde{q}$ 时，$\frac{d(q\overline{F}(q))}{dq} < 0$；当 $q = \tilde{q}$ 时，$\frac{d(q\overline{F}(q))}{dq} = 0$。正如一些学者所述（Kouvelis and Zhao, 2012），$q\overline{F}(q)$ 是 q 的拟凹函数，所以 $q\overline{F}(q)$ 的最大值在 $\tilde{q}$ 处实现，且满足 $\tilde{q} z(\tilde{q}) = 1$。由于 $p\overline{F}(q_r^i) - w\overline{F}(\tilde{x}) = 0$，可以化简为 $\frac{w}{p} = \frac{\overline{F}(q_r^i)}{\overline{F}((wq_r^i - k_r)/p)}$。因此可知式（B – 10）成立。

$$\frac{wq_r^i}{p}\overline{F}\left(\frac{wq_r^i}{p}\right) < q_r^i\overline{F}(q_r^i) = \frac{wq_r^i}{p}\overline{F}\left(\frac{wq_r^i - k_r}{p}\right) \qquad (B - 10)$$

又因为 $\frac{wq_r^i}{p} < q_r^i$，所以可知 $\frac{wq_r^i}{p} < \tilde{q}_r^i$。此外，$\frac{wq_r^i}{p}z\left(\frac{wq_r^i}{p}\right) < 1$ 且 $1 - \frac{wq_r^i - k_r}{p}z(\tilde{x}) > 1 - \frac{wq_r^i}{p}z(\tilde{x}) > 1 - \frac{wq_r^i}{p}z\left(\frac{wq_r^i}{p}\right) > 0$，可知式（B – 11）成立。

$$Z(\tilde{x}(q_r^i)) = \frac{\tilde{x}(q_r^i)f(\tilde{x}(q_r^i))}{\overline{F}(\tilde{x}(q_r^i))} < 1 \tag{B-11}$$

证毕。

推论 4 - 1 的证明

（1）给定 y，对 q_r^i 求关于 w 的一阶导，可得式（B-12）。

$$\frac{\partial q_r^i(w)}{\partial w} = \frac{\overline{F}(\tilde{x}) - w\,q_r^i f(\tilde{x})/p}{w^2 f(\tilde{x})/p - pf(q_r^i)} \tag{B-12}$$

根据命题 4 - 4，可知 $\dfrac{w^2 f(\tilde{x})}{p} - pf(q_r^i) < 0$。引理 4 - 2 表明 $1 - \dfrac{w\,q_r^i z(\tilde{x})}{p} > 0$。由于 $\overline{F}(\tilde{x}) - \dfrac{w\,q_r^i f(\tilde{x})}{p} > 0$，可知 $\dfrac{\partial q_r^i(w)}{\partial w} < 0$。

对 $\tilde{x}(q_r^i(w))$ 求关于 w 的一阶导，可得式（B-13）成立。

$$\frac{\partial \tilde{x}(q_r^i(w))}{\partial w} = \frac{\overline{F}(q_r^i) - q_r^i f(q_r^i)}{w^2 f(\tilde{x})/p - pf(q_r^i)} < 0 \tag{B-13}$$

对 $\pi_r^i(q_r^i)$ 求关于 w 的一阶导，可得式（B-14）成立。

$$\frac{\partial \pi_r^i(q_r^i)}{\partial w} = -q_r^i \overline{F}(\tilde{x}) < 0 \tag{B-14}$$

（2）类似地，可知 $\dfrac{\partial q_r^i(y)}{\partial y} = 0$，$\dfrac{\partial \tilde{x}(q_r^i(y))}{\partial y} = 0$，$\dfrac{\partial \pi_r^i(q_r^i)}{\partial y} = 0$。证毕。

推论 4 - 2 的证明

给定 w 和 y，对 q_r^i 求关于 k_r 的一阶导，可知式（B-15）成立。

$$\frac{\partial q_r^i(k_r)}{\partial k_r} = \frac{wf(\tilde{x})/p}{w^2 f(\tilde{x})/p - pf(q_r^i)} < 0 \tag{B-15}$$

对 $\tilde{x}(q_r^i)$ 求关于 k_r 的一阶导，可知式（B-16）成立。

$$\frac{\partial \tilde{x}(q_r^i(k_r))}{\partial k_r} = \frac{f(q_r^i)}{w^2 f(\tilde{x})/p - pf(q_r^i)} < 0 \tag{B-16}$$

对 $\pi_r^i(q_r^i)$ 求关于 k_r 的一阶导，可知式（B-17）成立。

$$\frac{\partial \pi_r^i(q_r^i(k_r))}{\partial k_r} = -F(\tilde{x}) < 0 \qquad (B-17)$$

证毕。

引理 4 - 3 的证明

对 $q\overline{F}(q)$ 求关于 q 的一阶导，可得式（B-18）。

$$\frac{d(q\overline{F}(q))}{dq} = \overline{F}(q)\left[1 - \frac{qf(q)}{\overline{F}(q)}\right] = \overline{F}(q)[1 - qz(q)] \qquad (B-18)$$

因为 $z(q)$ 是 q 的递增函数，所以当 $q < \tilde{q}$ 时，$\dfrac{d(q\overline{F}(q))}{dq} > 0$；当 $q > \tilde{q}$ 时，$\dfrac{d(q\overline{F}(q))}{dq} < 0$；当 $q = \tilde{q}$ 时，$\dfrac{d(q\overline{F}(q))}{dq} = 0$。正如一些学者所述（Kouvelis and Zhao，2012），$q\overline{F}(q)$ 是 q 的拟凹函数，所以 $q\overline{F}(q)$ 的最大值在 $\tilde{q}$ 处实现，且满足 $\tilde{q}z(\tilde{q}) = 1$。由于 $p\overline{F}(q_r^i) - w\overline{F}(\tilde{x}) = 0$，所以 $\dfrac{w}{p} = \dfrac{\overline{F}(q_r^i)}{\overline{F}((wq_r^i - k_r)/p)}$。因此，可知式（B-19）成立。

$$\frac{wq_r^i}{p}\overline{F}\left(\frac{wq_r^i}{p}\right) < q_r^i\overline{F}(q_r^i) = \frac{wq_r^i}{p}\overline{F}\left(\frac{wq_r^i - k_r}{p}\right) \qquad (B-19)$$

又因为 $\dfrac{wq_r^i}{p} < q_r^i$，所以可得 $\dfrac{wq_r^i}{p} < q_r^i \leqslant \tilde{q}_r^i$。因此，可知 $Z(q_r^i) = \dfrac{q_r^i f(q_r^i)}{\overline{F}(q_r^i)} \leqslant 1$。证毕。

引理 4 - 4 的证明

该证明与引理 4 - 1 相似，因此省略此证明。

命题 4 - 5 的证明

根据 $p\overline{F}(q_r^i) - w\overline{F}(\tilde{x}) = 0$，可知 w 和 $q_r^i(w)$ 之间存在一一对应关系。由于 $w(q_r^i)$ 是 $q_r^i(w)$ 的反函数，所以在求制造商最优批发价格的过程中让 $q_r^i(w)$ 代替 $w_r^i(q)$。根据命题 4 - 4 可知，零售商的最优订货量 q_r^i 满足 $p\overline{F}(q_r^i) - w\overline{F}(\tilde{x}) = 0$。因此，可以将此转换为制造商的最优批发价格 w_r^i 满足 $p\overline{F}(q) - w_r^i\overline{F}(\tilde{x}) = 0$。接下来求解制造商效用最大化情形下的最优订货量。根据前文所述，可知制造商的效用函数满足式（B-20），其中 $y \leqslant wq - k_r$。

$$U_o^i(q,y) = wq - p\int_0^{\bar{x}}F(x)\mathrm{d}x - (\lambda - 1)p\int_0^{\vec{x}}F(x)\mathrm{d}x - cq - \alpha y$$

$$(\text{B} - 20)$$

本章利用拉格朗日函数求解有约束条件下的制造商效用最大化问题,可得式（B-21）。

$$\begin{cases} \overline{U}_o^i(q,y) = p\int_0^{\bar{x}}F(x)\mathrm{d}x + (\lambda - 1)p\int_0^{\vec{x}}F(x)\mathrm{d}x + cq + \alpha y - wq \\ g_2(q,y) = wq - k_r - y \geq 0 \\ g_3(q,y) = y \geq 0 \end{cases}$$

$$(\text{B} - 21)$$

对 $\overline{U}_o^i(q,y)$、$g_2(q,y)$、$g_3(q,y)$ 求关于 q、y 的一阶导,可得 $\dfrac{\partial \overline{U}_o^i(q,y)}{\partial y} = \alpha - F(\bar{x}) - (\lambda - 1)F(\vec{x})(1 - \alpha)$,$\dfrac{\partial g_2(q)}{\partial y} = -1$,$\dfrac{\partial g_3(q)}{\partial y} = 1$,$\dfrac{\partial g_3(q)}{\partial q} = 0$,以及式（B-22）和式（B-23）。

$$\frac{\partial \overline{U}_o^i(q,y)}{\partial q} = c + (\lambda - 1)F(\vec{x})c - \overline{F}(\bar{x})\frac{p\overline{F}(q) - pqf(q)}{\overline{F}(\tilde{x}) - w_r^i q f(\tilde{x})/p} \quad (\text{B} - 22)$$

$$\frac{\partial g_2(q)}{\partial q} = \frac{p\overline{F}(q) - pqf(q)}{\overline{F}(\tilde{x}) - w_r^i q f(\tilde{x})/p} \quad (\text{B} - 23)$$

根据库文塔克条件,可以很容易得到式（B-24）。其中,γ_2^*、γ_3^* 是拉格朗日乘子;q_r^i、y_r^i 是库文塔克点。

$$\begin{cases} c + (\lambda - 1)F(\vec{x})c - \overline{F}(\bar{x})\dfrac{p\overline{F}(q_r^i) - pq_r^i f(q_r^i)}{\overline{F}(\tilde{x}) - w_r^i q_r^i f(\tilde{x})/p} - \dfrac{p\overline{F}(q_r^i) - pq_r^i f(q_r^i)}{\overline{F}(\tilde{x}) - w_r^i q_r^i f(\tilde{x})/p}\gamma_2^* = 0 \\ \alpha - F(\bar{x}) - (\lambda - 1)F(\vec{x})(1 - \alpha) + \gamma_2^* - \gamma_3^* = 0 \\ \gamma_2^*(w_r^i q_r^i - k_r - y_r^i) = 0 \\ \gamma_3^* y_r^i = 0 \\ \gamma_2^* \geq 0 \\ \gamma_3^* \geq 0 \end{cases}$$

$$(\text{B} - 24)$$

为了解决上述问题,本章主要讨论以下四种情形。

情形 1：当$\gamma_2^* \neq 0$、$\gamma_3^* = 0$ 时，$w_r^i q_r^i - k_r - y_r^i = 0$，$\bar{x} = 0$，$\gamma_2^* = -\alpha < 0$。在这种情形下，保险费率为负值，因此该情形不在本章的讨论范围内。

情形 2：当$\gamma_2^* \neq 0$、$\gamma_3^* \neq 0$ 时，$w_r^i q_r^i - k_r - y_r^i = 0$，$y_r^i = 0$，$\tilde{x} = 0$。在这种情形下，制造商不会面临零售商的违约风险，所以引入信用保险是无意义的。因此这种情形不在本章的讨论范围内。

情形 3：当$\gamma_2^* = 0$、$\gamma_3^* \neq 0$ 时，$y_r^i = 0$，这种情形下的解也不满足条件。

情形 4：当$\gamma_2^* = 0$、$\gamma_3^* = 0$ 时，可得 $\alpha - F(\bar{x}) - (\lambda - 1)F(\bar{x})(1 - \alpha) = 0$ 以及式（B-25）。

$$c + (\lambda - 1)F(\vec{x})c - \overline{F}(\bar{x})\frac{p\overline{F}(q_r^i) - pq_r^i f(q_r^i)}{\overline{F}(\tilde{x}) - w_r^i q_r^i f(\tilde{x})/p} = 0 \qquad (B-25)$$

根据一些学者所述（Kouvelis and Zhao，2012），可知 $\dfrac{1 - qz(q)}{1 - wqz(\tilde{x})/p}$ 是 q 的减函数。根据式（B-26），可知 $\dfrac{\overline{F}(q)}{\overline{F}(\tilde{x})}$ 是 q 的减函数。

$$\frac{\partial \left[\dfrac{\overline{F}(q)}{\overline{F}(\tilde{x})} \right]}{\partial q}$$

$$= \frac{1}{\overline{F}(\tilde{x})^2}\overline{F}(\tilde{x})\overline{F}(q)\left[-\frac{f(q)}{\overline{F}(q)} + \frac{f(\tilde{x})\left[\overline{F}(q) - qf(q)\right]}{\overline{F}(\tilde{x})\left[\overline{F}(\tilde{x}) - wqf(\tilde{x})/p\right]} \right] < 0$$

$$\qquad\qquad (B-26)$$

根据式（B-27），可知 $\overline{F}(\bar{x})$ 是 q 的减函数。

$$\frac{\partial \overline{F}(\bar{x})}{\partial q} = -f(\bar{x})\frac{\overline{F}(q) - qf(q)}{\overline{F}(\tilde{x}) - wqf(\tilde{x})/p} < 0 \qquad (B-27)$$

因此，可知式（B-28）是 q 的增函数，即 $\dfrac{\partial^2 \overline{U}_o^i(q,y)}{\partial q^2} > 0$。

$$c + (\lambda - 1)F(\vec{x})c - \overline{F}(\bar{x})\frac{p\overline{F}(q) - pqf(q)}{\overline{F}(\tilde{x}) - wqf(\tilde{x})/p} \qquad (B-28)$$

又因为 $\dfrac{\overline{F}(q)}{\overline{F}(\tilde{x})}\dfrac{1 - qz(q)}{1 - wqz(\tilde{x})/p}$ 是 q 的减函数，可知式（B-29）成立。

$$\frac{2f(q) + qf'(q)}{[\,\overline{F}(\tilde{x}) - wqf(\tilde{x})/p\,]^2} - \frac{[\,\overline{F}(q) - qf(q)\,]^2}{[\,\overline{F}(\tilde{x}) - wqf(\tilde{x})/p\,]^3}[\,2f(\tilde{x}) + wqf'(\tilde{x})/p\,] > 0$$

$$(B-29)$$

对 $\overline{U}_o^i(q,y)$ 求关于 q、y 的二阶导，可得式（B-30）、式（B-31）、式（B-32）。

$$\frac{\partial^2 \overline{U}_o^i(q,y)}{\partial q^2} = (\lambda - 1)c^2 \frac{f(\vec{x})}{p} - \overline{F}(\bar{x})\left[\frac{wqf'(\tilde{x})}{p} + 2f(\tilde{x})\right]$$

$$\frac{[\,p\overline{F}(q) - pqf(q)\,]^2}{[\,\overline{F}(\tilde{x}) - wqf(\tilde{x})/p\,]^3} - pf(\bar{x})\frac{[\,\overline{F}(q) - qf(q)\,]^2}{[\,\overline{F}(\tilde{x}) - wqf(\tilde{x})/p\,]^2}$$

$$+ p\overline{F}(\bar{x})\frac{2f(q) + qf'(q)}{\overline{F}(\tilde{x}) - wqf(\tilde{x})/p} \qquad (B-30)$$

$$\frac{\partial^2 \overline{U}_o^i(q,y)}{\partial y^2} = \frac{f(\bar{x})}{p} + (\lambda - 1)f(\vec{x})\frac{(1-\alpha)^2}{p} \qquad (B-31)$$

$$\frac{\partial^2 \overline{U}_o^i(q,y)}{\partial y \partial q} = \frac{\partial^2 \overline{U}_o^i(q,y)}{\partial q \partial y}$$

$$= -f(\bar{x})\frac{\overline{F}(q) - qf(q)}{\overline{F}(\tilde{x}) - wqf(\tilde{x})/p} - (\lambda - 1)f(\vec{x})\frac{(1-\alpha)c}{p}$$

$$(B-32)$$

因为式（B-33），可知式（B-34）成立。

$$pf(\bar{x})\frac{[\,\overline{F}(q) - qf(q)\,]^2}{[\,\overline{F}(\tilde{x}) - wqf(\tilde{x})/p\,]^2}(\lambda - 1)f(\vec{x})\frac{(1-\alpha)^2}{p} + (\lambda - 1)f(\vec{x})\frac{c^2 f(\bar{x})}{p^2}$$

$$\geqslant 2f(\bar{x})\frac{\overline{F}(q) - qf(q)}{\overline{F}(\tilde{x}) - wqf(\tilde{x})/p}(\lambda - 1)f(\vec{x})\frac{(1-\alpha)c}{p} \qquad (B-33)$$

$$\frac{\partial^2 \overline{U}_o^i(q,y)}{\partial q^2}\frac{\partial^2 \overline{U}_o^i(q,y)}{\partial y^2} - \frac{\partial^2 \overline{U}_o^i(q,y)}{\partial y \partial q}\frac{\partial^2 \overline{U}_o^i(q,y)}{\partial q \partial y}$$

$$= \left[p\overline{F}(\bar{x})\frac{2f(q) + qf'(q)}{\overline{F}(\tilde{x}) - wqf(\tilde{x})/p} - \overline{F}(\bar{x})\frac{[\,p\overline{F}(q) - pqf(q)\,]^2}{[\,\overline{F}(\tilde{x}) - wqf(\tilde{x})/p\,]^3}\right.$$

$$\left. p\left[2f(\tilde{x}) + \frac{wqf'(\tilde{x})}{p}\right]\right]\left[\frac{f(\bar{x})}{p} + (\lambda - 1)f(\vec{x})\frac{(1-\alpha)^2}{p}\right]$$

$$+ pf(\bar{x})f(\vec{x})\frac{(1-\alpha)^2}{p}(\lambda-1)\frac{[p\overline{F}(q)-pqf(q)]^2}{[\overline{F}(\tilde{x})-wqf(\tilde{x})/p]^2}$$

$$-2f(\bar{x})\frac{\overline{F}(q)-qf(q)}{\overline{F}(\tilde{x})-wqf(\tilde{x})/p}f(\vec{x})(\lambda-1)\frac{(1-\alpha)c}{p}$$

$$+(\lambda-1)f(\vec{x})\frac{c^2f(\bar{x})}{p^2}>0 \qquad (B-34)$$

因此，制造商的最优批发价格 w_r^i 和最优投保额度 y_r^i 分别满足 $\alpha - F(\bar{x}) - (\lambda-1)F(\vec{x})(1-\alpha)=0$ 和式（B-35）。

$$c+(\lambda-1)F(\vec{x})c-\overline{F}(\bar{x})\frac{p\overline{F}(q_r^i)-pq_r^if(q_r^i)}{\overline{F}(\tilde{x})-w_r^iq_r^if(\tilde{x})/p}=0 \qquad (B-35)$$

证毕。

命题 4-6 的证明

根据式（4-9），对 $U_s^i(q)$ 求关于 q 的一阶导，可得式（B-36）。

$$\frac{\partial U_s^i(q)}{\partial q}=p\overline{F}(q)-c[1+(\lambda-1)F(\vec{x})]+w[F(\tilde{x})-F(\bar{x})] \quad (B-36)$$

对 $U_s^i(q)$ 求关于 q 的二阶导，可得式（B-37）。

$$\frac{\partial^2 U_s^n(q)}{\partial q^2}=-pf(q)-\frac{c^2(\lambda-1)}{p}f(\vec{x})+\frac{w^2}{p}[f(\tilde{x})-f(\bar{x})]<0$$

$$(B-37)$$

因此，整体供应链的最优订货量 q_s^i 满足 $p\overline{F}(q_s^i)=c[1+(\lambda-1)F(\vec{x})]-w[F(\tilde{x})-F(\bar{x})]$。证毕。

定理 4-1 的证明

根据命题 4-3 和命题 4-6 可知，$p\overline{F}(q_s^n)=c[1+(\lambda-1)F(\hat{x})]$，$p\overline{F}(q_s^i)=c[1+(\lambda-1)F(\vec{x})]-w[F(\tilde{x})-F(\bar{x})]$。因为 $\hat{x}=(cq-k_r)/p$，$\vec{x}=(cq+\alpha y-k_r-y)/p$ 且 $\tilde{x}>\bar{x}$，所以 $q_s^i>q_s^n$。证毕。

定理 4-2 的证明

（1）因为 $p\overline{F}(q_r^n)-w\overline{F}(\tilde{x})=0$，$p\overline{F}(q_r^i)-w\overline{F}(\tilde{x})=0$，所以 $q_r^i(w)=q_r^n(w)$。根据式（B-38），可得 $q_r^i>q_r^n$，$w_r^i<w_r^n$。

$$\frac{\partial U_o^i(q_r^i)}{\partial q_r^i}\Big|_{q_r^i=q_r^n} = -c - (\lambda-1)F(\vec{x})c + \overline{F}(\bar{x})\frac{p\overline{F}(q_r^n) - pq_r^nf(q_r^n)}{\overline{F}(\tilde{x}) - wq_r^nf(\tilde{x})/p}$$

$$= -c[1 + (\lambda-1)F(\vec{x}) - \frac{\overline{F}(\bar{x})}{\overline{F}(\tilde{x})}(1+(\lambda-1)F(\hat{x}))] > 0 \tag{B-38}$$

（2）根据前文可知，$\tilde{x}_r^i(q_r^i(w_r^n)) = \dfrac{w_r^nq_r^i - k_r}{p}$，$\tilde{x}_r^n(q_r^n(w_r^n)) = \dfrac{w_r^nq_r^n - k_r}{p}$。

根据推论 4 - 1 可知 $\dfrac{\partial \tilde{x}(q_r^i(w))}{\partial w} < 0$，因此式（B-39）成立。

$$\tilde{x}_r^i(q_r^i(w_r^i)) > \tilde{x}_r^i(q_r^i(w_r^n)) = \tilde{x}_r^n(q_r^n(w_r^n)) > 0 \tag{B-39}$$

（3）在有信用保险的情形下，零售商的期望利润满足式（B-40）。

$$\pi_r^i(q) = pq - wq - \int_{\tilde{x}}^q pF(x)\,\mathrm{d}x \tag{B-40}$$

在没有信用保险的情形下，零售商的期望利润满足式（B-41）。

$$\pi_r^n(q) = pq - wq - \int_{\tilde{x}}^q pF(x)\,\mathrm{d}x \tag{B-41}$$

根据前文可知 $q_r^i(w) = q_r^n(w)$，$\dfrac{\partial \pi_r^i(q_r^i)}{\partial w} < 0$，$\dfrac{\partial \pi_r^n(q_r^n)}{\partial w} < 0$。因为 $q_r^i > q_r^n$ 且 $w_r^i < w_r^n$，所以可得 $\pi_r^i(q_r^i(w_r^i)) > \pi_r^n(q_r^n(w_r^n))$。

（4）在有信用保险的情形下，制造商的效用函数满足式（B-42）。

$$U_o^i(w,y) = wq - p\int_0^{\tilde{x}} F(x)\,\mathrm{d}x - (\lambda-1)p\int_0^{\hat{x}} F(x)\,\mathrm{d}x - cq$$

$$+ p\int_{\tilde{x}}^{\bar{x}} F(x)\,\mathrm{d}x - \alpha y + (\lambda-1)p\int_{\vec{x}}^{\hat{x}} F(x)\,\mathrm{d}x \tag{B-42}$$

在没有信用保险的情形下，制造商的效用函数满足式（B-43）。

$$U_o^n(w) = wq - p\int_0^{\tilde{x}} F(x)\,\mathrm{d}x - (\lambda-1)p\int_0^{\hat{x}} F(x)\,\mathrm{d}x - cq \tag{B-43}$$

由于 $q_r^i(w_r^n) = q_r^n(w_r^n)$，所以 $\tilde{x}(q_r^i(w_r^n)) = \tilde{x}(q_r^n(w_r^n)) > 0$。当 $p\int_{\tilde{x}}^{\bar{x}}$

$F(x)\mathrm{d}x - \alpha y_r^i + (\lambda - 1)p\int_{\underline{x}}^{\hat{x}} F(x)\mathrm{d}x \geqslant 0$ 时，可得式（B-44）成立。

$$U_o^i(q_r^i(w_r^i)) \geqslant U_o^i(q_r^i(w_r^n)) \geqslant U_o^n(q_r^n(w_r^n)) \qquad (B-44)$$

证毕。

推论 4-3 的证明

当制造商为风险中性时（即 $\lambda = 1$），由于保险商的利润大于零（即 $\alpha y - p\int_{\underline{x}}^{\bar{x}} F(x)\mathrm{d}x > 0$），所以制造商购买信用保险的条件 $\alpha y - p\int_{\underline{x}}^{\bar{x}} F(x)\mathrm{d}x \leqslant (\lambda - 1)p\int_{\underline{x}}^{\hat{x}} F(x)\mathrm{d}x$ 不成立，表明当保险商的利润大于零时，风险中性的制造商不会购买信用保险。证毕。

命题 4-7 的证明

因为零售商的订货量 q_r^i、制造商的批发价格 w_r^i 和投保额度 y_r^i 分别满足 $p\overline{F}(q_r^i) - w_r^i\overline{F}(\tilde{x}) = 0$ 和 $\alpha - F(\bar{x}) - (\lambda - 1)F(\vec{x})(1 - \alpha) = 0$ 以及式（B-45）。

$$c + (\lambda - 1)F(\vec{x})c = \overline{F}(\bar{x})\frac{p\overline{F}(q_r^i) - pq_r^i f(q_r^i)}{\overline{F}(\tilde{x}) - w_r^i q_r^i f(\tilde{x})/p} \qquad (B-45)$$

对 q_r^i、w_r^i 和 y_r^i 求关于 α 的一阶导，可得 $\dfrac{\partial q_r^i}{\partial \alpha} = -p\left[-\dfrac{q_r^i w_r^i f(\tilde{x})}{p} + \overline{F}(\tilde{x})\right]\dfrac{MQ}{TQ}$，$\dfrac{\partial y_r^i}{\partial \alpha} = \dfrac{MY}{TY}$，$\dfrac{\partial w_r^i}{\partial \alpha} = -\left[p^2 f(q_r^i) - (w_r^i)^2 f(\tilde{x})\right]\dfrac{MW}{TW}$，其中 MQ、TQ、MY、TY、MW、TW 如下所示。

$MQ = \left[(\alpha - 1)(\lambda - 1)y_r^i f(\vec{x}) + (\lambda - 1)p F(\vec{x}) + p\right]\left[p\, w_r^i f(\bar{x})(1 - q_r^i z(q_r^i)) - (\alpha - 1)c(\lambda - 1)f(\vec{x})(p - q_r^i w_r^i z(\tilde{x}))\right] - c(1 - \lambda)y_r^i f(\vec{x})((\alpha - 1)^2(\lambda - 1)f(\vec{x}) + f(\bar{x}))(p - q_r^i w_r^i z(\tilde{x}))$,

$TQ = (p^2 f(q_r^i) - (w_r^i)^2 f(\tilde{x}))\{q_r^i f(\bar{x})[p\, w_r^i f(\bar{x})(1 - q_r^i z(q_r^i)) - (\alpha - 1)cf(\vec{x})(\lambda - 1)(p - q_r^i w_r^i z(\tilde{x}))] - ((\alpha - 1)^2(\lambda - 1)f(\vec{x}) + f(\bar{x}))\}[- cpq_r^i z(\tilde{x})((\lambda - 1)F(\vec{x}) + 1) - c(q_r^i)^2 w_r^i z'(\tilde{x})((\lambda - 1)F(\vec{x}) + 1) + pq_r^i w_r^i f(\bar{x})(1 - q_r^i z(q_r^i)) + p^2(-(F(\bar{x}) - 1))(q_r^i z(q_r^i) - 1)] - (-q_r^i w_r^i f(\tilde{x}) + p(-F(\tilde{x})) + p)[(c(\alpha(-\lambda) + \alpha + \lambda - 1)f(\vec{x}) + w_r^i f(\bar{x}))(p\, w_r^i f(\bar{x})(1 - q_r^i z(q_r^i)) - (\alpha - 1)c$

$(\lambda-1)f(\vec{x})(p-q_r^i w_r^i z(\tilde{x})))-((\alpha-1)^2(\lambda-1)f(\vec{x})+f(\overline{x}))(c^2(\lambda-1)f$
$(\vec{x})(p-q_r^i w_r^i z(\tilde{x}))-cp\,w_r^i z(\tilde{x})((\lambda-1)F(\vec{x})+1)-cq_r^i(w_r^i)^2 z'(\tilde{x})((\lambda-1)$
$F(\vec{x})+1)+p(w_r^i)^2 f(\overline{x})(1-q_r^i z(q_r^i))-p^2 q_r^i w_r^i(F(\overline{x})-1)z'(q_r^i)+p^2 w_r^i \overline{F}(\overline{x})z$
$(q_r^i))]$,

$AY=[(\alpha-1)c(\lambda-1)f(\vec{x})(q_r^i w_r^i f(\tilde{x})+p(F(\tilde{x})-1))-pf(\overline{x})(pq_r^i f(q_r^i)$
$+w_r^i(F(\tilde{x})-1))]\{[(\alpha-1)(\lambda-1)y_r^i f(\vec{x})+(\lambda-1)pF(\vec{x})+p][p\,w_r^i f(\overline{x})$
$(-q_r^i z(q_r^i)+1)-(\alpha-1)c(\lambda-1)f(\vec{x})(p-q_r^i w_r^i z(\tilde{x}))]-c(1-\lambda)y_r^i f(\vec{x})[(\alpha$
$-1)^2(\lambda-1)f(\vec{x})+f(\overline{x})](p-q_r^i w_r^i z(\tilde{x}))\}$,

$BY=[q_r^i w_r^i f(\tilde{x})-p\overline{F}(\tilde{x})]\{(p^2 f(q_r^i)-(w_r^i)^2 f(\tilde{x}))[q_r^i f(\overline{x})(p\,w_r^i f(\overline{x})$
$(-q_r^i z(q_r^i)+1)-(\alpha-1)c(\lambda-1)f(\vec{x})(p-q_r^i w_r^i z(\tilde{x})))-((\alpha-1)^2(\lambda-1)f$
$(\vec{x})+f(\overline{x}))(-cpq_r^i z(\tilde{x})((\lambda-1)F(\vec{x})+1)-c(q_r^i)^2 w_r^i z'(\tilde{x})((\lambda-1)F(\vec{x})$
$+1)+pq_r^i w_r^i f(\overline{x})(1-q_r^i z(q_r^i))+p^2\overline{F}(\overline{x})(q_r^i z(q_r^i)-1))]-(-q_r^i w_r^i f(\tilde{x})+p(-$
$F(\tilde{x}))+p)[(c(\alpha(-\lambda)+\alpha+\lambda-1)f(\vec{x})+w_r^i f(\overline{x}))(p\,w_r^i f(\overline{x})(1-q_r^i z(q_r^i))$
$-(\alpha-1)c(\lambda-1)f(\vec{x})(p-q_r^i w_r^i z(\tilde{x})))-((\alpha-1)^2(\lambda-1)f(\vec{x})+f(\overline{x}))(c^2$
$(\lambda-1)f(\vec{x})(p-q_r^i w_r^i z(\tilde{x}))-cp\,w_r^i z(\tilde{x})((\lambda-1)F(\vec{x})+1)-cq_r^i(w_r^i)^2 z'(\tilde{x})$
$((\lambda-1)F(\vec{x})+1)+p(w_r^i)^2 f(\overline{x})(1-q_r^i z(q_r^i))-p^2 q_r^i w_r^i(F(\overline{x})-1)z'(q_r^i)-p^2$
$w_r^i(F(\overline{x})-1)z(q_r^i))]\}+y_r^i(\alpha(-\lambda)+\alpha+\lambda-1)f(\vec{x})-p((\lambda-1)F(\vec{x})+1)$,

$MY=p[\overline{F}(\tilde{x})-q_r^i w_r^i f(\tilde{x})/p]\dfrac{AY}{BY}+y_r^i(\alpha(-\lambda)+\alpha+\lambda-1)f(\vec{x})-p((\lambda$
$-1)F(\vec{x})+1)$,

$TY=(\alpha-1)^2(\lambda-1)f(\vec{x})+f(\overline{x})$,

$MW=f(\overline{x})[p^2 w_r^i(q_r^i z(q_r^i)-1)((\lambda-1)F(\vec{x})+1)-(\lambda-1)y_r^i f(\vec{x})(p$
$((\alpha-1)w_r^i+c)-(\alpha-1)pq_r^i w_r^i z(q_r^i)-cq_r^i w_r^i z(\tilde{x}))]+(\alpha-1)c(\lambda-1)pf(\vec{x})$
$((\lambda-1)F(\vec{x})+1)(p-q_r^i w_r^i z(\tilde{x}))$,

$TW=w_r^i f(\tilde{x})[f(\overline{x})(c(\lambda-1)q_r^i f(\vec{x})(-p((\alpha-1)w_r^i+c)+pq_r^i w_r^i z(q_r^i)$
$(\alpha-1)+cq_r^i w_r^i z(\tilde{x}))+p^2 w_r^i(F(\overline{x})-1)((q_r^i)^2 z'(q_r^i)+1))+p^2 w_r^i f(\vec{x})(\alpha-$
$1)^2(\lambda-1)(F(\overline{x})-1)((q_r^i)^2 z'(q_r^i)+1)]+p^2 f(q_r^i)[(\alpha-1)^2(\lambda-1)f(\vec{x})$

$(c\lambda pq_r^i F(\vec{x})z(\tilde{x}) + c\lambda(q_r^i)^2 w_r^i F(\vec{x})z'(\tilde{x}) - cpq_r^i F(\vec{x})z(\tilde{x}) - c(q_r^i)^2 w_r^i F(\vec{x})z'$
$(\tilde{x}) + p^2 F(\vec{x})(q_r^i z(q_r^i) - 1) + cpq_r^i z(\tilde{x}) + c(q_r^i)^2 w_r^i z'(\tilde{x}) + p^2(-q_r^i)z(q_r^i) +$
$p^2) + f(\vec{x})((\alpha-1)(\lambda-1)q_r^i f(\vec{x})(-p((\alpha-1)w_r^i + c) + (\alpha-1)pq_r^i w_r^i z'(q_r^i) +$
$cq_r^i w_r^i z(\tilde{x})) - cpq_r^i F(\vec{x})z(\tilde{x}) + cpq_r^i z(\tilde{x}) + c\lambda(q_r^i)^2 w_r^i F(\vec{x})z'(\tilde{x}) + c\lambda pq_r^i F(\vec{x})z$
$(\tilde{x}) - c(q_r^i)^2 w_r^i F(\vec{x})z'(\tilde{x}) + c(q_r^i)^2 w_r^i z'(\tilde{x}) + p^2 q_r^i F(\vec{x})z(q_r^i) - p^2 F(\vec{x}) - p^2 q_r^i z$
$(q_r^i) + p^2)] - p\overline{F}(\tilde{x})\{(\alpha-1)^2(\lambda-1)w_r^i f(\vec{x})(c((\lambda-1)F(\vec{x}) + 1)(pz(\tilde{x})$
$+ q_r^i w_r^i z'(\tilde{x})) - p^2 q_r^i \overline{F}(\vec{x})z'(q_r^i) - p^2 \overline{F}(\vec{x})z(q_r^i)) + f(\vec{x})[(\lambda-1)f(\vec{x})((\alpha-1)$
$w_r^i + c)(-p((\alpha-1)w_r^i + c) + (\alpha-1)pq_r^i w_r^i z(q_r^i) + cq_r^i w_r^i z(\tilde{x})) + w_r^i(c((\lambda-1)$
$F(\vec{x}) + 1)(pz(\tilde{x}) + q_r^i w_r^i z'(\tilde{x})) - p^2 q_r^i \overline{F}(\vec{x})z'(q_r^i) + p^2(F(\vec{x}) - 1)z(q_r^i))]\}$。

当 $\alpha = 0$ 时，$\pi_i^i(\alpha) = 0$；当 $\alpha = 1$ 时，$\pi_i^i(\alpha) = 0$。由于保险商的期望利润是连续且可导的，因此保险商的最优保险费率在其期望利润的一阶导为零时取得，且保险商的最优保险费率 α_r^i 满足式（B–46）。

$$[\alpha_r^i - F(\vec{x})]\frac{MY}{TY} + [F(\vec{x}) - F(\tilde{x})][((w_r^i)^2 f(\tilde{x}) - p^2 f(q_r^i))\frac{MW}{TW}q_r^i$$

$$-p(\overline{F}(\tilde{x}) - \frac{w_r^i q_r^i f(\tilde{x})}{p})\frac{MQ}{TQ}w_r^i] + y_r^i = 0 \qquad (B–46)$$

证毕。

定理 4–3 的证明

该证明类似定理 4–1，所以省略该证明。

推论 4–4 的证明

该证明类似定理 4–2，所以省略该证明。

推论 4–5 的证明

该证明类似推论 4–3，所以省略该证明。

附录 C

命题 5 – 1 的证明

根据式（5 – 1），对 $\pi_d^n(q_d)$ 求关于 q_d 的一阶导和二阶导，可得式（C – 1）和式（C – 2）。

$$\frac{\partial \pi_d^n(q_d)}{\partial q_d} = p(1 - Pr(\Omega_{123})) - w_d \qquad (C-1)$$

$$\begin{aligned}
\frac{\partial^2 \pi_d^n(q_d)}{\partial q_d^2} = &- p \int_0^{q_d} f(x_d, q_w + (q_d - x_d)/\theta)\, \mathrm{d}x_d \\
&- p \int_0^{q_w} f(q_d, x_w)\, \mathrm{d}x_w < 0 \qquad (C-2)
\end{aligned}$$

根据式（C – 2），可知强势零售商的订货量 q_d^n 满足 $p(1 - Pr(\Omega_{123})) = w_d$。为了后面证明的方便性，让 $G_d = p(1 - Pr(\Omega_{123})) - w_d$。根据式（5 – 2），对 $\pi_w^n(q_w)$ 求关于 q_w 的一阶导，可得式（C – 3）。

$$\frac{\partial \pi_w^n(q_w)}{\partial q_w} = pPr(\Omega_{3478}) - w_w(1 - Pr(\Omega_{15})) \qquad (C-3)$$

当 $q_w = 0$ 时，$(p - w_w)Pr(\Omega_{348}) > 0$，且 $\lim_{q_w \to \infty} \frac{\partial \pi_w(q_w)}{\partial q_w} = - w_w < 0$，所以至少存在一个解满足 $pPr(\Omega_{3478}) = w_w(1 - Pr(\Omega_{15}))$。因此弱势零售商的订货量 q_w^n 满足 $pPr(\Omega_{3478}) = w_w(1 - Pr(\Omega_{15}))$。为了后面证明的方便性，让 $G_w = pPr(\Omega_{3478}) - w_w(1 - Pr(\Omega_{15}))$。证毕。

命题 5 – 2 的证明

制造商的期望效用为 $U_t^n = w_d q_d + E[V_w^n] - c q_d$。强势零售商的订货量 q_d^n 和弱势零售商的订货量 q_w^n 分别满足 $G_d(q_d^n, q_w^n) = p(1 - Pr(\Omega_{123})) - w_d = 0$，

$G_w(q_d^n, q_w^n) = pPr(\Omega_{3478}) - w_w(1 - Pr(\Omega_{15})) = 0$。本章利用拉格朗日函数求解有约束条件下制造商效用最大化问题。让 $L = U_t^n + \gamma G_d + \beta G_w$，其中拉格朗日乘子 $\gamma > 0$、$\beta > 0$。L 是连续且可导的函数。求 L 关于 w_w、q_w^n、q_d^n 的一阶导，可得式（C-4）、式（C-5）和式（C-6）。

$$\frac{\partial L}{\partial w_w} = (1 - Pr(\Omega_{15}^{abde})) q_w^n + \beta \left[Pr(\Omega_{15}) - 1 + \frac{w_w q_w^n}{p} \int_0^{q_d^n} f(x_d, \tilde{x}_w) \mathrm{d}x_d \right.$$

$$\left. + \frac{w_w q_w^n}{p} \int_{q_d^n}^{q_d^n + \tilde{x}_w/\theta} f(x_d, \theta q_d^n + \tilde{x}_w - \theta x_d) \mathrm{d}x_d \right] \qquad (C-4)$$

$$\frac{\partial L}{\partial q_d^n} = w_d - c - \theta p(\lambda - 1) Pr(\Omega_5^e) - \gamma p/\theta \int_0^{q_d^n} f\left(x_d, q_w^n + \frac{q_d^n - x_d}{\theta}\right) \mathrm{d}x_d$$

$$- \gamma p \int_0^{q_w^n} f(q_d^n, x_w) \mathrm{d}x_w + \beta \theta p \left[- \int_{q_d^n}^{q_d^n + q_w^n/\theta} f(x_d, \theta q_d^n + q_w^n - \theta x_d) \mathrm{d}x_d \right.$$

$$\left. + \frac{w_w}{p} \int_{q_d^n}^{q_d^n + \tilde{x}_w/\theta} f(x_d, \theta q_d^n + \tilde{x}_w - \theta x_d) \mathrm{d}x_d \right] - \theta p Pr(\Omega_5^{de}) \qquad (C-5)$$

$$\frac{\partial L}{\partial q_w^n} = w_w - c - w_w Pr(\Omega_{15}^{abde}) - c(\lambda - 1) Pr(\Omega_1^a) - c(\lambda - 1) Pr(\Omega_5^e)$$

$$+ \beta p \left[\frac{w_w^2}{p^2} \int_0^{q_d^n} f(x_d, \tilde{x}_w) \mathrm{d}x_d + \frac{w_w^2}{p^2} \int_{q_d^n}^{q_d^n + \tilde{x}_w/\theta} f(x_d, \theta q_d^n + \tilde{x}_w - \theta x_d) \mathrm{d}x_d \right.$$

$$\left. - \left(\int_0^{q_d^n} f(x_d, q_w^n) \mathrm{d}x_d + \int_{q_d^n}^{q_d^n + q_w^n/\theta} f(x_d, \theta q_d^n + q_w^n - \theta x_d) \mathrm{d}x_d \right) \right]$$

$$- \gamma p \int_0^{q_d^n} f\left(x_d, q_w^n + \frac{q_d^n - x_d}{\theta}\right) \mathrm{d}x_d \qquad (C-6)$$

让式（C-4）、式（C-5）和式（C-6）均为 0，同时让 $G_d(q_d^n, q_w^n) = 0$，$G_w(q_d^n, q_w^n) = 0$，将这些条件表示为库文塔克条件。L 是连续且可导的，同时 w_w^n 的可行域为 $[w_d, p]$。因此，当制造商的效用实现最大化时，弱势零售商批发价格的最优解在边界上取得或由库文塔克条件决定。证毕。

命题 5-3 的证明

该证明过程类似命题 5-1，所以省略该证明。

推论 5-1 的证明

对 $Pr(\Omega_{15})$ 求关于 q_d^i 的一阶导，可得式（C-7）。

$$\frac{\partial Pr(\Omega_{15})}{\partial q_d^i} = \theta \int_{q_d^i}^{q_d^i + \tilde{x}_w/\theta} f(x_d, \theta q_d^i + \tilde{x}_w - \theta x_d) \, dx_d > 0 \qquad (C-7)$$

对 $Pr(\Omega_{15})$ 求关于 q_w^i 的一阶导，可得式（C-8）。

$$\frac{\partial Pr(\Omega_{15})}{\partial q_w^i} = w_w/p \int_{q_d^i}^{q_d^i + \tilde{x}_w/\theta} f(x_d, \theta q_d^i + \tilde{x}_w - \theta x_d) \, dx_d$$

$$+ \frac{w_w}{p} \int_0^{q_d^i} f(x_d, \tilde{x}_w) \, dx_w > 0 \qquad (C-8)$$

对 $Pr(\Omega_{15})$ 求关于 k_w 的一阶导，可得式（C-9）。

$$\frac{\partial Pr(\Omega_{15})}{\partial k_w} = -\frac{1}{p\theta} \int_{q_d^i}^{q_d^i + \tilde{x}_w/\theta} f(x_d, \theta q_d^i + \tilde{x}_w - \theta x_d) \, dx_d$$

$$-\frac{1}{p} \int_0^{q_d^i} f(x_d, \tilde{x}_w) \, dx_d < 0 \qquad (C-9)$$

根据隐函数理论，可知式（C-10）成立。

$$\frac{\partial Pr(\Omega_{15})}{\partial \theta} = -\int_{q_d^i}^{q_d^i + \tilde{x}_w/\theta} f(x_d, \theta q_d^i + \tilde{x}_w - \theta x_d)(x_d - q_d^i) \, dx_d < 0$$

$$(C-10)$$

证毕。

推论 5-2 的证明

通过隐函数理论，根据 $G_d(q_d^i, q_w^i) = 0$，进行简单的推导计算，得到式（C-11）。

$$\frac{\partial q_d^i}{\partial q_w^i} = -\frac{\theta f_{x_d | x_w > q_w^i}(q_d^i) Pr(x_w > q_w^i)}{f_{x_d}(q_d^i)} < 0 \qquad (C-11)$$

这表明 q_d^i 是 q_w^i 的减函数。因为 $f_{x_d | x_w > q_w^i}(q_d^i) < f_{x_d}(q_d^i)$，可知 $\frac{\partial q_d^i}{\partial q_w^i} > -1$。

通过隐函数理论，根据 $G_w(q_d^i, q_w^i) = 0$，进行简单的推导计算，可得式（C-12）和式（C-13）。

$$\frac{\partial G_w}{\partial q_d^i} = -\theta p Pr(x_w > q_w^i) f_{x_w \mid x_d > q_d^i}(q_w^i) - \frac{w_d^2}{p^2} f_{x_w \mid x_d > q_d^i}\left(\frac{w_w q_w^i - k_w}{p}\right)$$

$$(C-12)$$

$$\frac{\partial G_w}{\partial q_d^i} = -\theta p Pr(x_w > q_w^i) f_{x_w}(q_w^i) - \frac{w_d^2}{p^2} f_{x_w}\left(\frac{w_w q_w^i - k_w}{p}\right) \qquad (C-13)$$

很容易知道 $\frac{\partial G_w}{\partial q_d^i} < 0$ 且 $\frac{\partial G_w}{\partial q_w^i} < 0$，所以 $\frac{\partial q_w^i}{\partial q_d^i} < 0$，表明 q_w^i 是 q_d^i 的减函数。因此，可知 $\frac{\partial q_w^i}{\partial q_d^i} > -1$。证毕。

推论 5-3 的证明

根据推论 5-2，可知 $\frac{\partial q_d^i}{\partial q_w^i}$ 和弱势零售商的初始资本 k_w 无关，但 $\frac{\partial q_w^i}{\partial q_d^i}$ 受弱势零售商初始资本 k_w 的影响。证毕。

推论 5-4 的证明

使 (q_d^{si}, q_w^{si}) 是当弱势零售商没有资金约束时，弱势零售商和强势零售商的最优订货量。可以观察到最优解是两条反应曲线的交点。因为强势零售商的反应函数是 $p - w_d - pPr(\Omega_{123}) = 0$，其中 Ω_{123} 是独立于弱势零售商的初始资本。下面研究弱势零售商反应函数的变化对最优解的影响。

在弱势零售商是资金充裕的情况下，可知其最优反应函数 $G_w^s(q_d^{si}, q_w^{si}) = p - w_w - pPr(\Omega_{1256})$。给定 (q_d^{si}, q_w^{si})，因为 $G_w^s(q_d^{si}, q_w^{si}) = 0$，可以证明 $G_w(q_d^{si}, q_w^{si}) - G_w^s(q_d^{si}, q_w^{si}) = G_w(q_d^{si}, q_w^{si}) > 0$。

根据前文可知，$G_d(q_d^i, q_w^i) = p(1 - Pr(\Omega_{123})) - w_d$，$G_w(q_d^i, q_w^i) = pPr(\Omega_{3478}) - w_w(1 - Pr(\Omega_{15}))$。由于一个零售商的反应函数随另一个零售商订货量的增加而减小，在弱势零售商面临资金约束且能获得贸易信贷的情形下，两个零售商最优订货量的解的交集沿着弱势零售商的反应曲线向上移动，并沿着强势零售商反应曲线向下移动。因此，当弱势零售商面临资金约束且能获得贸易信贷时，强势零售商的最优订货量降低，弱势零售商的最优订货量增加。因为需求转移率是严格大于 -1 的，可知在资金约束情形下两个零售商的总订货量高于无资金约束情形下两个零售商的总订货量。证毕。

命题 5 – 4 的证明

制造商的期望效用为 $U_t^i = w_d q_d + E[V_w^i] - cq_d$。强势零售商的订货量 q_d^i 和弱势零售商的订货量 q_w^i 分别满足 $G_d(q_d^i, q_w^i) = p(1 - Pr(\Omega_{123})) - w_d = 0$，$G_w(q_d^i, q_w^i) = pPr(\Omega_{3478}) - w_w(1 - Pr(\Omega_{15})) = 0$。本章利用拉格朗日函数求解有约束条件下的制造商效用最大化问题。让 $L = U_t^i + j\,G_d + hG_w$，其中拉格朗日乘子 $j > 0$，拉格朗日乘子 $h > 0$。L 是连续且可导的函数。求 L 关于 w_w、y_w、q_w^i、q_d^i 的一阶导，可得式（C – 14）、式（C – 15）、式（C – 16）和式（C – 17）。

$$\frac{\partial L}{\partial w_w} = (1 - Pr(\Omega_{15}^{\mathrm{ABDE}}))\,q_w^i + h\Big[Pr(\Omega_{15}) - 1 + \frac{w_w\,q_w^i}{p}\int_0^{q_d^i} f(x_d, \tilde{x}_w)\,\mathrm{d}x_d$$

$$+ \frac{w_w\,q_w^i}{p}\int_{q_d^i}^{q_d^i + \tilde{x}_w/\theta} f(x_d, \theta\,q_d^i + \tilde{x}_w - \theta\,x_d)\,\mathrm{d}x_d \Big] \qquad (\mathrm{C} - 14)$$

$$\frac{\partial L}{\partial q_d^i} = w_d - c - \theta p(\lambda - 1)Pr(\Omega_5^{\mathrm{E}}) - jp/\theta\int_0^{q_d^i} f\Big(x_d, q_w^i + \frac{q_d^i - x_d}{\theta}\Big)\mathrm{d}x_d$$

$$- jp\int_0^{q_w^i} f(q_d^i, x_w)\,\mathrm{d}x_w + h\theta p\Big[-\int_{q_d^i}^{q_d^i + q_w^i/\theta} f(x_d, \theta\,q_d^i + q_w^i - \theta\,x_d)\,\mathrm{d}x_d$$

$$+ \frac{w_w}{p}\int_{q_d^i}^{q_d^i + \tilde{x}_w/\theta} f(x_d, \theta\,q_d^i + \tilde{x}_w - \theta\,x_d)\,\mathrm{d}x_d \Big] - \theta p\,Pr(\Omega_5^{\mathrm{DE}}) \quad (\mathrm{C} - 15)$$

$$\frac{\partial L}{\partial q_w^i} = w_w - c - w_w\,Pr(\Omega_{15}^{\mathrm{ABDE}}) - c(\lambda - 1)Pr(\Omega_1^{\mathrm{A}}) - c(\lambda - 1)Pr(\Omega_5^{\mathrm{E}})$$

$$+ hp\Big[\frac{w_w^2}{p^2}\int_0^{q_d^i} f(x_d, \tilde{x}_w)\,\mathrm{d}x_d + \frac{w_w^2}{p^2}\int_{q_d^i}^{q_d^i + \tilde{x}_w/\theta} f(x_d, \theta\,q_d^i + \tilde{x}_w - \theta\,x_d)\,\mathrm{d}x_d$$

$$- \Big(\int_0^{q_d^i} f(x_d, q_w^i)\,\mathrm{d}x_d + \int_{q_d^i}^{q_d^i + q_w^i/\theta} f(x_d, \theta\,q_d^i + q_w^i - \theta\,x_d)\,\mathrm{d}x_d\Big) \Big]$$

$$- jp\int_0^{q_d^i} f\Big(x_d, q_w^i + \frac{q_d^i - x_d}{\theta}\Big)\mathrm{d}x_d \qquad (\mathrm{C} - 16)$$

$$\frac{\partial L}{\partial y_w} = -\alpha + Pr(\Omega_1^{\mathrm{AB}}) + Pr(\Omega_1^{\mathrm{A}})(\lambda - 1)(1 - \alpha) + Pr(\Omega_5^{\mathrm{DE}})$$

$$+ Pr(\Omega_5^{\mathrm{D}})(\lambda - 1)(1 - \alpha) \qquad (\mathrm{C} - 17)$$

让式（C – 14）、式（C – 15）、式（C – 16）和式（C – 17）均为 0，同

时让 $G_d(q_d^i, q_w^i) = 0$，$G_w(q_d^i, q_w^i) = 0$，将这些条件表示为库文塔克条件。L 是连续且可导的，同时 w_w^i、y_w^i的可行域分别为 $[w_d, p]$，$[0, w_w^i q_w^i - k_w]$。因此，当制造商的效用实现最大化时，弱势零售商的批发价格和制造商投保额度的最优解在边界上取得或由库文塔克条件决定。证毕。

参 考 文 献

[1] 陈宇科，熊龙，董景荣．基于均值 – CVaR 的闭环供应链协调机制 [J]．中国管理科学，2017（2）：68 – 77.

[2] 陈祥锋，朱道立，应雯珺．资金约束与供应链中的融资和运营综合决策研究 [J]．管理科学学报，2008（3）：70 – 77.

[3] 鄢仁秀，汪贤裕，王新辉．基于赊销的供应链回购契约协调研究 [J]．管理工程学报，2017（1）：126 – 132.

[4] 代建生，孟卫东，范波．风险规避供应链的回购契约安排 [J]．管理科学学报，2015（5）：57 – 67.

[5] 代建生，孟卫东．基于 CVaR 的供应链联合促销的回购契约协调研究 [J]．中国管理科学，2014（7）：43 – 51.

[6] 高绪楠．贸易信用在两供应商竞争环境下对供应链决策的影响分析 [J]．上海管理科学，2017（4）：51 – 55.

[7] 金伟，骆建文．竞争环境下面向资金约束供应商的均衡补偿策略 [J]．系统工程理论与实践，2016（11）：2829 – 2838.

[8] 李健，王亚静，冯耕中，等．供应链金融述评：现状与未来 [J]．系统工程理论与实践，2020（8）：1977 – 1995.

[9] 刘英，慕银平．存在期权和现货交易的风险厌恶型供应链最优采购决策 [J]．系统管理学报，2016（2）：262 – 271.

[10] 马中华，徐学勤．供应商竞争关系下的第三方物流融资及物流服务决策 [J]．计算机应用研究，2019（2）：404 – 410.

[11] 王宗润，田续燃，陈晓红．考虑隐性股权的应收账款融资模式下供应链金融博弈分析 [J]．中国管理科学，2015（9）：1 – 8.

[12] 王丹婷，蔡志鹏．考虑供应中断风险和资金约束的双源采购决策

［J］. 中国总会计师, 2020（4）: 86 – 89.

　　［13］王明征, 周亮, 刘伟伟. 考虑违约风险时收益共享 – 贸易信贷契约下多个竞争零售商的供应链协调［J］. 运筹与管理, 2017（4）: 1 – 11.

　　［14］武力超, 姜炎鹏, 曾三燕, 等. 贸易信贷对企业技术创新合作的影响［J］. 金融论坛, 2019（9）.

　　［15］徐贤浩, 邓晨, 彭红霞. 基于供应链金融的随机需求条件下的订货策略［J］. 中国管理科学, 2011（2）: 65 – 72.

　　［16］于春云, 赵希男, 彭艳东, 等. 基于条件风险值理论的供应链优化与协调模型研究［J］. 中国管理科学, 2007（3）: 31 – 39.

　　［17］占济舟, 张福利, 赵佳宝. 供应链应收账款融资和商业信用联合决策研究［J］. 系统工程学报, 2014（3）: 384 – 393.

　　［18］钟远光, 周永务, 李柏勋, 等. 供应链融资模式下零售商的订货与定价研究［J］. 管理科学学报, 2011（6）: 57 – 67.

　　［19］ABRAHAM F, DEWIT G. Export promotion via official export insurance［J］. Open Economies Review, 2000（1）: 5 – 26.

　　［20］ALAN Y, GAUR V. Operational investment and capital structure under asset-based lending［J］. Manufacturing & Service Operations Management, 2018.

　　［21］AVIV Y. The effect of collaborative forecasting on supply chain performance［J］. Management Science, 2001（10）: 1326 – 1343.

　　［22］BABICH V, TANG C S. Managing opportunistic supplier product adulteration: Deferred payments, inspection, and combined mechanisms［J］. Manufacturing & Service Operations Management, 2012a（2）: 301 – 314.

　　［23］BABICH V, AYDIN G, BRUNET P Y, et al. Risk, financing and the optimal number of suppliers［M］. Supply Chain Disruptions. Springer: 2012b: 195 – 240.

　　［24］BARROT J N. Trade credit and industry dynamics: Evidence from trucking firms［J］. The Journal of Finance, 2016（5）: 1975 – 2016.

　　［25］BERNSTEIN F, FEDERGRUEN A. Decentralized supply chains with competing retailers under demand uncertainty［J］. Management Science, 2005（1）: 18 – 29.

［26］BI G, FEI Y, YUAN X, et al. Joint operational and financial collaboration in a capital-constrained supply chain under manufacturer collateral ［J］. Asia-Pacific Journal of Operational Research, 2018 (3): 1 – 23.

［27］BRIAN S. Just in case can credit insurance cover you? ［J］. Business Credit, 2013 (5): 497 – 508.

［28］BUZACOTT J A, ZHANG R Q. Inventory management with asset-based financing ［J］. Management Science, 2004 (9): 1274 – 1292.

［29］CACHON G P. Supply chain coordination with contracts ［J］. Handbooks in Operations Research and Management Science, 2003 (11): 227 – 339.

［30］CACHON G P. The allocation of inventory risk in a supply chain: Push, pull, and advance-purchase discount contracts ［J］. Management Science, 2004 (2): 222 – 238.

［31］CACHON G P, LARIVIERE M A. Capacity choice and allocation: Strategic behavior and supply chain performance ［J］. Management Science, 1999 (8): 1091 – 1108.

［32］CACHON G P, LARIVIERE M A. Supply chain coordination with revenue-sharing contracts: Strengths and limitations ［J］. Management Science, 2005 (1): 30 – 44.

［33］CAI G, CHEN X, XIAO Z. The roles of bank and trade credits: Theoretical analysis and empirical evidence ［J］. Production and Operations Management, 2014 (4): 583 – 598.

［34］CAO E, WAN C, LAI M. Coordination of a supply chain with one manufacturer and multiple competing retailers under simultaneous demand and cost disruptions ［J］. International Journal of Production Economics, 2013 (1): 425 – 433.

［35］CBC. Statistical data report of small loan companies in the first half of 2015 ［J］. Central Bank in China, 2015.

［36］CHEN F, LI J, ZHANG H. Managing downstream competition via capacity allocation ［J］. Production and Operations Management, 2013 (2): 426 – 446.

[37] CHEN J, ZHOU Y. A risk-averse newsvendor model under trade credit contract with CVaR [J]. Asia-Pacific Journal of Operational Research, 2017 (3): 1 – 20.

[38] CHEN X. A model of trade credit in a capital-constrained distribution channel [J]. International Journal of Production Economics, 2015: 347 – 357.

[39] CHEN X, CAI G G. Joint logistics and financial services by a 3pl firm [J]. European Journal of Operational Research, 2011 (3): 579 – 587.

[40] CHEN X, WANG A. Trade credit contract with limited liability in the supply chain with budget constraints [J]. Annals of Operations Research, 2012 (1): 153 – 165.

[41] CHEN X, CAI G, SONG J S. The cash flow advantages of 3pls as supply chain orchestrators [J]. Manufacturing & Service Operations Management, 2018 (2): 435 – 451.

[42] CHIU C H, CHOI T M. Supply chain risk analysis with mean-variance models: A technical review [J]. Annals of Operations Research, 2016 (2): 489 – 507.

[43] CHOD J. Inventory, risk shifting, and trade credit [J]. Management Science, 2017 (10): 3207 – 3225.

[44] CHOD J, LYANDRES E, YANG S A. Trade credit and supplier competition [J]. Journal of Financial Economics, 2019 (2): 484 – 505.

[45] CHOI T M, LI D, YAN H. Mean-variance analysis of a single supplier and retailer supply chain under a returns policy [J]. European Journal of Operational Research, 2008 (1): 356 – 376.

[46] COSTELLO A. Trade credit policy in long-term supply contracts [J]. Working Paper, 2013.

[47] CUNAT V. Trade credit: Suppliers as debt collectors and insurance providers [J]. Review of Financial Studies, 2007 (2): 491 – 527.

[48] DADA M, HU Q. Financing newsvendor inventory [J]. Operations Research Letters, 2008 (5): 569 – 573.

[49] DEMICA. Research report [J]. Demica Limited, London, 2007.

[50] DEMICA. Strengthening the links [J]. Demica Limited, London, 2009.

[51] DENG S, GU C, CAI G, et al. Financing multiple heterogeneous suppliers in assembly systems: Buyer finance vs. Bank finance [J]. Manufacturing & Service Operations Management, 2018 (1): 53 – 69.

[52] DERMINE J, LAJERI F. Credit risk and the deposit insurance premium, a note [J]. Journal of Economics and Business, 2001 (5): 497 – 508.

[53] DEWIT G. Essays on export insurance subsidization [J]. Katholieke Universiteit Leuven, 1996 (5): 497 – 508.

[54] DEWIT G. Intervention in risky export markets: Insurance, strategic action or aid? [J]. European Journal of Political Economy, 2001 (3): 575 – 592.

[55] DING Q, DONG L, KOUVELIS P. On the integration of production and financial hedging decisions in global markets [J]. Operations Research, 2007 (3): 470 – 489.

[56] DONG L, TOMLIN B. Managing disruption risk: The interplay between operations and insurance [J]. Management Science, 2012 (10): 1898 – 1915.

[57] DONG L, TANG S Y, TOMLIN B. Production chain disruptions: Inventory, preparedness, and insurance [J]. Production and Operations Management, 2018 (7): 1251 – 1270.

[58] EGGER P, URL T. Public export credit guarantees and foreign trade structure: Evidence from Austria [J]. World Economy, 2006 (4): 399 – 418.

[59] FABBRI D, KLAPPER L F. Bargaining power and trade credit [J]. Journal of Corporate Finance, 2016: 66 – 80.

[60] FENG Y, MU Y, HU B, et al. Commodity options purchasing and credit financing under capital constraint [J]. International Journal of Production Economics, 2014: 230 – 237.

[61] FISMAN R, LOVE I. Trade credit, financial intermediary development, and industry growth [J]. The Journal of Finance, 2003 (1): 353 – 374.

[62] FISMAN R, RATURI M. Does competition encourage credit provision? Evidence from African trade credit relationships [J]. Review of Economics and

Statistics, 2004 (1): 345 – 352.

[63] FORD. 2017 annual report [DB/OL]. http: //shareholder. ford. Com/investors/financials/annual-reports/default. aspx. 2018.

[64] FORD J L, MPUKU H C, PATTANAIK P K. Revenue risks, insurance, and the behavior of competitive firms [J]. Journal of Economics, 1996 (3): 233 – 246.

[65] FRB. Quarterly report on federal reserve balance sheet developments [J]. The Federal Reserve Board, 2016.

[66] FUDENBERG D, TIROLE J. A "signal-jamming" theory of predation [J]. The RAND Journal of Economics, 1986 (3): 366 – 376.

[67] FUNATSU H. Export credit insurance [J]. Journal of Risk and Insurance, 1986: 679 – 692.

[68] GE. Ge capital industrial finance [DB/OL]. https: //www. Ge capital industrial finance. com/financing-solutions. 2018.

[69] GEYLANI T, DUKES A J, SRINIVASAN K. Strategic manufacturer response to a dominant retailer [J]. Marketing Science, 2007 (2): 164 – 178.

[70] GIANNETTI M, BURKART M, ELLINGSEN T. What you sell is what you lend? Explaining trade credit contracts [J]. Review of Financial Studies, 2011 (4): 1261 – 1298.

[71] GUO S, LIU N. Influences of supply chain finance on the mass customization program: Risk attitudes and cash flow shortage [J]. International Transactions in Operational Research, 2019.

[72] HADLEY G, WHITIN T M. Analysis of inventory systems [R]. 1963.

[73] HYNDMAN K, SERIO G. Competition and inter-firm credit: Theory and evidence from firm-level data in Indonesia [J]. Journal of Development Economics, 2010 (1): 88 – 108.

[74] IBM. Financing IBM software [DB/OL]. https: //www-01. ibm. com/common/ssi/cgi-bin/ssialias? htmlfd = GFS03099USEN. 2016.

[75] JACOBSON T, VON SCHEDVIN E. Trade credit and the propagation of corporate failure: An empirical analysis [J]. Econometrica, 2015 (4): 1315 –

1371.

[76] JING B, CHEN X, CAI G. Equilibrium financing in a distribution channel with capital constraint [J]. Production and Operations Management, 2012 (6): 1090 – 1101.

[77] JONES P. Trade credit insurance primer series on insurance [J]. Global Capital Markets Development Department, 2010.

[78] KOUVELIS P, ZHAO W. The newsvendor problem and price-only contract when bankruptcy costs exist [J]. Production and Operations Management, 2011 (6): 921 – 936.

[79] KOUVELIS P, ZHAO W. Financing the newsvendor: Supplier vs. Bank, and the structure of optimal trade credit contracts [J]. Operations Research, 2012 (3): 566 – 580.

[80] LARIVIERE M A, PORTEUS E L. Selling to the newsvendor: An analysis of price-only contracts [J]. Manufacturing & Service Operations Management, 2001 (4): 293 – 305.

[81] LEE C H, RHEE B D. Coordination contracts in the presence of positive inventory financing costs [J]. International Journal of Production Economics, 2010 (2): 331 – 339.

[82] LEE C H, RHEE B D. Trade credit for supply chain coordination [J]. European Journal of Operational Research, 2011 (1): 136 – 146.

[83] LEE H H, ZHOU J, WANG J. Trade credit financing under competition and its impact on firm performance in supply chains [J]. Manufacturing & Service Operations Management, 2018 (1): 36 – 52.

[84] LI G, WU H, XIAO S. Financing strategies for a capital-constrained manufacturer in a dual-channel supply chain [J]. International Transactions in Operational Research, 2019.

[85] LI Y, ZHEN X, CAI X. Trade credit insurance, capital constraint, and the behavior of manufacturers and banks [J]. Annals of Operations Research, 2016 (2): 395 – 414.

[86] MCMILLAN J, WOODRUFF C. Interfirm relationships and informal

credit in Vietnam [J]. Quarterly Journal of Economics, 1999 (4): 1285 – 1320.

[87] MILNE R. Late payments push smaller companies into bankruptcy [DB/OL]. http://www.ft.com/cms/s/0/2bb66d42 – 37b0 – 11df-88c6 – 00144feabdc0.html#axzz3wvh0uR5u.2010.

[88] MODIGLIANI F, MILLER M H. The cost of capital, corporation finance and the theory of investment [J]. The American Economic Review, 1958 (3): 261 – 297.

[89] NETESSINE S, RUDI N. Centralized and competitive inventory models with demand substitution [J]. Operations Research, 2003 (2): 329 – 335.

[90] PETERSEN M A, RAJAN R G. Trade credit: Theories and evidence [J]. The Review of Financial Studies, 1997 (3): 661 – 691.

[91] PEURA H, YANG S A, LAI G. Trade credit in competition: A horizontal benefit [J]. Manufacturing & Service Operations Management, 2017 (2): 263 – 289.

[92] REINDORP M J M, TANRISEVER F, LANGE A. Purchase order financing: Credit, commitment, and supply chain consequences [J]. Operations Research, 2018 (5): 1287 – 1303.

[93] RIENSTRA-MUNNICHA P, TURVEY C G. The relationship between exports, credit risk and credit guarantees [J]. Canadian Journal of Agricultural Economics/Revue Canadienned' Agroeconomie, 2002 (3): 281 – 296.

[94] RUI H, LAI G. Sourcing with deferred payment and inspection under supplier product adulteration risk [J]. Production and Operations Management, 2015 (6): 934 – 946.

[95] SHI X, ZHANG S. An incentive-compatible solution for trade credit term incorporating default risk [J]. European Journal of Operational Research, 2010 (1): 178 – 196.

[96] SOUMARÉ I, LAI V S. Credit insurance and investment: A contingent claims analysis approach [J]. International Review of Financial Analysis, 2010 (2): 98 – 107.

［97］ TENG J T, OUYANG L Y, CHEN L H. Optimal manufacturer's pricing and lot-sizing policies under trade credit financing ［J］. International Transactions in Operational Research, 2006 (6): 515 - 528.

［98］ WADECKI A A, BABICH V, WU O Q. Manufacturer competition and subsidies to suppliers ［M］. Supply Chain Disruptions. Springer, 2012: 141 - 163.

［99］ WANG C X, WEBSTER S. The loss-averse newsvendor problem ［J］. Omega, 2009 (1): 93 - 105.

［100］ WANG K, ZHAO R, PENG J. Trade credit contracting under asymmetric credit default risk: Screening, checking or insurance ［J］. European Journal of Operational Research, 2018 (2): 554 - 568.

［101］ WANG W, LUO J. Optimal financial and ordering decisions of a firm with insurance contract ［J］. Technological and Economic Development of Economy, 2015 (2): 257 - 279.

［102］ WILLIAMS F. World bank urged to lift trade credit finance ［J］. Financial Times, 2008.

［103］ WONG K P. Insurance and the behavior of competitive firms under revenue risks: A note ［J］. Journal of Economics, 2000 (3): 305 - 314.

［104］ WU D, ZHANG B, BARON O. A trade credit model with asymmetric competing retailers ［J］. Production and Operations Management, 2019 (1): 206 - 231.

［105］ XIAO T, QI X, YU G. Coordination of supply chain after demand disruptions when retailers compete ［J］. International Journal of Production Economics, 2007 (1 - 2): 162 - 179.

［106］ XU X, BIRGE J R. Operational decisions, capital structure, and managerial compensation: A news vendor perspective ［J］. The Engineering Economist, 2008 (3): 173 - 196.

［107］ YAN N, DAI H, SUN B. Optimal Bi-level stackelberg strategies for supply chain financing with both capital-constrained buyers and sellers ［J］. Applied Stochastic Models in Business and Industry, 2014a (6): 783 - 796.

[108] YAN N, SUN B, ZHANG H, et al. A partial credit guarantee contract in a capital-constrained supply chain: Financing equilibrium and coordinating strategy [J]. International Journal of Production Economics, 2016: 122 – 133.

[109] YAN N, HE X, LIU Y. Financing the capital-constrained supply chain with loss aversion: Supplier Finance vs. Supplier Investment [J]. Omega, 2019: 162 – 178.

[110] YAN N, JIN X, ZHONG H, et al. Loss-averse retailers' financial offerings to capital-constrained suppliers: Loan vs. Investment [J]. International Journal of Production Economics, 2020 (5): 497 – 508.

[111] YAN X, WANG Y. A newsvendor model with capital constraint and demand forecast update [J]. International Journal of Production Research, 2014 (17): 5021 – 5040.

[112] YANG S A, BIRGE J R. Trade credit, risk sharing, and inventory financing portfolios [J]. Management Science, 2017 (8): 3667 – 3689.

[113] YANG S A, BIRGE J R, PARKER R P. The supply chain effects of bankruptcy [J]. Management Science, 2015 (10): 2320 – 2338.

[114] YANG S A, BAKSHI N, CHEN C J. Trade credit insurance: Operational value and contract choice [J]. Management Science, 2020.

[115] YAO Z, LEUNG S C H, LAI K K. Manufacturer's revenue-sharing contract and retail competition [J]. European Journal of Operational Research, 2008 (2): 637 – 651.

[116] YUAN X, BI G, ZHANG B, et al. Option contract strategies with risk-aversion and emergency purchase [J]. International Transactions in Operational Research, 2018.

[117] ZAMMIT B, ROSS D G, WOOD D. Perceptions of export credit insurance value: Australian evidence [J]. Asia-Pacific Journal of Business Administration, 2009 (2): 109 – 118.

[118] ZHANG B, WU D D, LIANG L. Optimal option ordering and pricing decisions with capital constraint and default risk [J]. IEEE Systems Journal, 2015 (3): 1537 – 1547.

[119] ZHOU J, GROENEVELT H. Impacts of financial collaboration in a three-party supply chain [J]. University of Rochester, 2008.

[120] ZHOU Y, WANG S. Manufacturer-buyer coordination for newsvendor-type-products with two ordering opportunities and partial backorders [J]. European Journal of Operational Research, 2009 (3): 958 – 974.

[121] ZHOU Y, ZHONG Y, LI J. An uncooperative order model for items with trade credit, inventory-dependent demand and limited displayed-shelf space [J]. European Journal of Operational Research, 2012 (1): 76 – 85.